杜甫画传

中国历史文化名人画传系列

朱　虹
徐源泰　/著

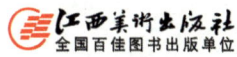

江西美术出版社
全国百佳图书出版单位
江西·南昌

杜甫

（712—770）

杜甫（712—770），字子美，号少陵野老，出生于河南巩县（今河南巩义），原籍湖北襄阳，中国历史上伟大的现实主义诗人，与李白合称“李杜”，他俩是中国诗坛上最闪耀的双子星。杜甫对中国古典诗歌的影响非常深远，被后人称为“诗圣”，他的诗被称为“诗史”。杜甫创作了《登高》《春望》《北征》以及“三吏”“三别”等名作。其诗中的爱国主义与人文情怀一直被后世文人学习和模仿，并直接影响了元稹、白居易等中唐诗人。

“无边落木萧萧下，不尽长江滚滚来。”这一句出自被称作“古今第一七律”《登高》的诗句，在应天、在岳麓、在九州的空气中摇曳，在韩愈、在苏轼、在我们的口中传唱，连带着那一段盛衰的历史以及那一位作者的名字——杜甫，共同流传至今，杜甫的诗是以史入诗的最好代表，也是中国现实主义诗歌的最高峰。

在中国所有的领域中，最优秀的那一位都会被冠以“圣”的称号，那么在诗歌这一领域内，杜甫，便代表了这一领域的最高层次。但是“诗圣”杜甫，在生前并没有得到与这一名号相对应的地位，甚至相反，他大部分的人生，都逃不过“贫穷”二字。事实上，他出生在一个显赫的家族之中，所谓“城南韦杜，去天尺五”，杜甫的家族往前可以追溯到晋朝名将杜预，其祖父杜审言更是一代名家，与李峤、崔融、苏味道并称为“文章四友”，世称“崔李苏杜”。其父杜闲也官至兖州司马，其母更是出自唐朝五姓七望之一的清河崔氏。但杜甫的母亲很早就去世了，于是杜甫常年跟随着他的姑母在洛阳生活。出生在这样的家族之中，通常都有着光明的未来，以杜甫的才华，原本也有希望封侯拜相，成为继凌烟阁二十四功臣之一杜如晦之后的又一位杜家名臣。但是杜甫参加的两次科举以及一次单独考试均以失败告终，无论是因为才学不足还是因为李林甫从中作梗，杜甫最终都没能实现年幼时立下的报国志向，最高也不过当了个七品的左拾遗，之后他又任检校工部员外郎。但即便是这样的官位，也只占了杜甫整个人生的一小部分，在绝大多数时候，他只是达官贵人奢靡宴会上的作诗配角，崇山峻岭中挖菜为生的穷苦布衣。如果没有诗歌，那么杜甫这个名字只会淹没在浩荡的史料之中，但有了诗歌，这个名字就是文学史上亘古不朽的丰碑。而他出生的年代，也正是所有封建王朝中最令人向往的年代——开元盛世。杜甫以自己的人生为轴，用自己的天纵之才挥毫落纸，将这段历史展现在我们眼前。

目

录

01

幼年之慧

初见识才气，盛名动洛阳

开元盛世是中国几千年历史中国力强盛的时期，而它的强盛，不在于其厉兵秣马的如云战阵，也不在于其歌舞升平的长袖如水，而在于其对于外物的包容。古人云："海纳百川，有容乃大。"只有足够的包容心，才能成就大事物。比如大海、大山，抑或是大唐。唐朝毫无疑问是一个足够包容的国度，无论陆上海上，它对于外国的新奇文化都敞开了自己的怀抱。外国人可以走敦煌，过凉州而抵长安；也可以上两广，经江右而下金陵。在当时的唐朝疆域之中，酒馆内出现金发碧眼的西方人并不是一件十分稀奇的事情，他们中甚至还有些人能够说两句

《职贡图》　唐　阎立本

汉语，喝到尽兴的时候会手舞足蹈地和大唐百姓们把酒言欢，直到最后手拉着手，肩并着肩，跳着迥异的舞步将气氛推至高潮。更不必说西域的胡人了，虽说自南北朝开始，中原人对于胡人就已不再陌生，但这多半是在被攻占、被灭亡的国度之中。中原人在森森白骨之间，随着一个个少数民族政权的兴起，对于胡人总有着些许恐惧。但在大唐，没有任何一个人会害怕胡人。原本凶狠野蛮的胡人忽然也能歌善舞了起来，在这期间，茫茫西域的遥远铃音与豪迈舞步顺着陇右道关内道融进中华文化之中，给靡颓于丝竹吴语百年的华夏大地带来了新的节拍。胡腾舞和胡旋舞一时间风靡于整个九州，杜甫就生活在这样的时代。张扬的西域文化与含蓄的中原文化在这段时间之中不断地交融——无论是在长安城内唐皇的座前，还是在郾城乐馆杜甫的眼中。

磅礴的气势顺着闪耀的长剑落在了杜甫的身前，随后又如柔美的丝绸般回转，宝剑入鞘，长身站定。舞曲终了，乐馆内爆发出如雷般的喝彩，杜甫却呆呆地坐在那里，如落日、如蛟龙的剑光仿佛还震慑着这个少年的心。

《公孙大娘舞剑图》　清　任伯年

昔有佳人公孙氏，一舞剑器动四方。
观者如山色沮丧，天地为之久低昂。
㸌如羿射九日落，矫如群帝骖龙翔。
来如雷霆收震怒，罢如江海凝清光。
绛唇珠袖两寂寞，晚有弟子传芬芳。
临颍美人在白帝，妙舞此曲神扬扬。
与余问答既有以，感时抚事增惋伤。
先帝侍女八千人，公孙剑器初第一。
五十年间似反掌，风尘澒洞昏王室。
梨园弟子散如烟，女乐馀姿映寒日。
金粟堆前木已拱，瞿唐石城草萧瑟。
玳筵急管曲复终，乐极哀来月东出。
老夫不知其所往，足茧荒山转愁疾。

——唐　杜甫《观公孙大娘弟子舞剑器行》

这首诗是观舞 50 年后杜甫对于公孙大娘这一曲剑舞的回忆，也算是弥补了当时由于惊愕而未能鼓掌喝彩的遗憾。杜甫观赏公孙大娘跳这一曲剑舞的那一年，距离他出生的那个雪夜已经过去了 5 个年头。杜甫也随着父亲杜闲从巩县暂入郾城居住。在这个城市的第一眼，杜甫就看到了与那个小县城全然不同的世界。在这个城市里，他逐渐摆脱了早年丧母的悲痛与年幼多病的虚弱，并开始意识到了这个衰落家族内的保守，他试图找回家祖杜预“以计代战一当万”的雄才伟略，祖父杜审言灵均伺文、逸少求帖的狂傲才骨。在这一年里，杜甫开始锻炼身体，走出家门和同龄人在嬉笑间感受这个世界的广阔。在高檐上远望，看着飞角连绵，玲珑楼阁五云起；在春草间仰躺，看着燕衔花落，云淡风轻近午天。在那个年岁里，盛世太平，各地纷纷上报有祥瑞之兆，麒麟、白鹿接连出现，礼部正好借此大颂天子圣明，整个大唐都随着庆典的到来而热闹非凡。虽说现在看来，这些所谓的瑞兽大抵都只是官员为了讨好皇帝所做的把戏，但或许在开元五年（717）的郾城，杜闲一家齐坐吃饭时，杜甫曾经在偶然间回头，真的在稀疏的星辰间看见了翻飞的凤凰。于是次年，他开口咏凤凰，并在之后的诗歌创作中，尤其钟爱这一意象。若是真的如此，那这一对凤凰，便是整个中国文化史上最为璀璨的祥瑞。

《兰亭修契图》 清 樊圻

在郾城的日子并不长久，没过几年杜甫便去了洛阳姑母的家中。虽说洛阳距离他的家乡巩县不过140千米，但其间之差异却是萤火之于皓月，尘雾之于山海。彼时的洛阳正处在极盛时期，在武后20余年的统治下，洛阳的繁华早已不下于长安，由于其在经济上为江南粮食税收的转运之所，在交通上

为东西人口流动的枢纽，洛阳的富庶甚至略胜长安一筹。因此在很多时候，皇帝都会驾临洛阳，赏景游玩，很多天子近臣在洛阳也有自己的宅府。杜甫就在这样的城市里度过了自己的童年时光，他的姑母虽然并非亲生母亲，却事事先考虑杜甫，以至于在杜甫小时候的一场疫病中，她光顾着照料杜甫而忽视了自己的亲生儿子。杜甫当时年幼无知，病好了之后依然到处肆意玩闹，仗着姑母的溺爱在家里横行霸道，玩世不恭。后来的一次聚餐中，他家中长辈的管家看着纨绔的杜甫，犹豫了片刻，最终还是告诉了杜甫他的姑母是怎样放弃了自己的孩子，以命换命救回了他。杜甫在知道了之后，羞愧难当，自此不再目无尊卑，转而对姑母尊敬有加。这样的经历必然给杜甫带来了心灵上的一次蜕变，他原本任由自己支配的生命也陡然间沉重了许多。

在之后的日子里，杜甫一天天长大。洛阳在无数文人墨客的熏陶下，早已成为一座文化名城，这样的城市，无疑不会错过杜甫这样的天才。在爬树打枣、跳船板的年纪时，他的诗文便已经传入名家之耳。和他一起吃着枣子的同伴不会知道，眼前这个看似与他们别无二致的人，早已名动洛阳。诸多当世鸿儒看着杜甫的诗文大加赞赏，崔尚更是将杜甫比作汉赋四大家中的班固和扬雄。在这样的背景之下，杜甫经常随意出入各大名家的府邸，其中以岐王李范和当朝宠臣崔涤的宅院为主，那时的杜甫少年得志，所有人都认为他将会是又一个未来之星，有了这些大人物的赞赏，他日后必定能封侯拜相，再现杜家的辉煌。而杜甫本人也是这么认为的，于是他在这段时光里春风得意，“致君尧舜上，再使风俗淳”的目标，大概也于此时立下。但很可惜，历史并没有这样发展，很多年以后，杜甫再次听到李龟年的歌声时，也只能空余一句“落花时节又逢君”的感慨。

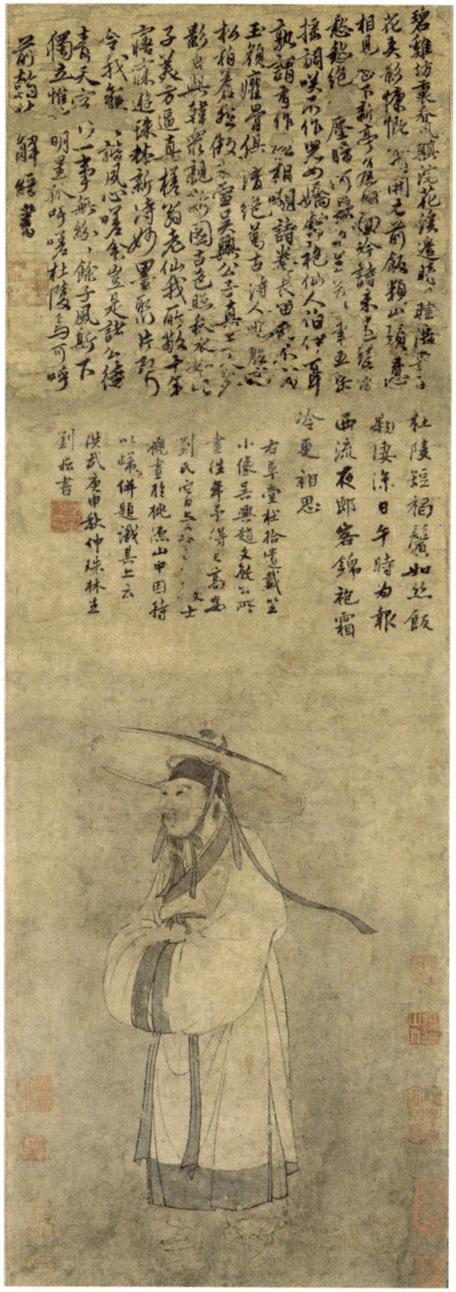

《杜甫像》　元　佚名

不过，无论之后的故事如何发展，至少直到此刻，杜甫还是意气风发的天才少年。而这样的天才，往往不喜欢按部就班的生活，杜甫也不例外。他在19岁这一年厌倦了这种往返于世家大族之间，谄媚达官贵人的生活，于是选择了一个平凡的日子，就此踏出洛阳城门，开始了14年的漫游旅途。这当然是一个不符合常理的决定，但是杜甫就是这么做了，在事业的上升期，断然地离开了掌握权力的上流阶层，转而亲密于山川湖海之间。于是又一位少年踏上了游历名山大川的征程，而这一次游历，完全不比之前贾谊或者司马相如的差。很多年后的我们回看杜甫的这一次决定，不免有些喟叹：如果杜甫没有选择这一次远游而是继续周旋于权贵之间，或许他之后的仕途将一帆风顺，直上青云。不过，这样我们或许会失去一个伟大的诗人，杜甫的形象或许将会是一个少年得志的政治新星。这两者哪个会是更好的杜甫，我们无法得知，不过好在，历史就是历史，它无从更改。

02

少年之狂

行游九州远，衣马正轻装

唐朝的诗人似乎格外喜欢漫游，无论是有名的诗人还是无名的，不在神州大地上畅游一番，似乎就算不得诗人了。于是会有王勃在《滕王阁序》中写下的“落霞与孤鹜齐飞”，会有崔颢在《黄鹤楼》中写下的“白云千载空悠悠”。整个中国的土地上，因为大唐繁荣的经济与磅礴的自信，飘荡起了无数绝代的诗文，无论是玉门关外的每一粒沙土，还是剑南道前的每一棵树木，都曾经倾倒于一位位天才们至高至上的斐然文才。中国的文脉，因为这一次次漫游、一次次高歌，而愈发的深厚、愈发的绵密，愈发地和中华大地交织在一起，密不可分。其中自然也有杜甫的声音。开元十九年（731），杜甫第一次走出家门，胸怀着四方之志，踏上了丈量大唐的征途。身后高耸的洛阳城门渐渐远去，连带着尘世的嘈杂一起，与杜甫隔绝开来。这一年，19 岁的杜甫掂着肩上不重的行囊，迈着轻快的脚步，在卸去了身上冗杂的饰物后，第一次开始尝试卸去心中的沉重。杜甫出游的这几年，正是大唐最鼎盛的年岁，“齐纨鲁缟车班班，男耕女桑不相失”，多年后的

《黄鹤楼图》　清　关槐

杜甫如此回忆这一段时光，而那时已经是在“安史之乱”后了，杜甫满怀遗憾与追忆地看着年少的自己，回忆着道路上车水马龙的情景。在这段时光里，杜甫甚至不需要为行李所累，因为在每一条道路旁，不过十数里就会有一处商贾聚集地，通常围绕着驿站而成，物资丰富，要价低廉，出自官僚世家的杜甫虽然荣光不复祖上，但在开元盛世，想吃饱饭还是不难的。于是杜甫就这样坐着小船，过黄河，通淮水，下长江，直到无数文人墨客留下过众多千古名篇的江南。在杜甫那个时代，唐朝诗歌还没有完全从前朝的负面影响下脱离，大部分诗人依旧在堆砌空洞的华丽辞藻，呆板填充着一行行僵死的格律，其诗歌魂魄之虚无便是可以料见的结局了。即便是经过了“初唐四杰”与贺知章、陈子昂等人的努力变革，唐朝诗歌还是难掩宫体诗的影响，于是杜甫能够学习的诗人，就只能再往前追溯，追溯至隋唐之前，那个诗风随着山河一同飘荡的魏晋南北朝。尽管那个时期的文人大多沉溺于寻欢作乐，国力境况也孱弱甚微，难有大唐十之一二的风采，但魏晋南北朝时期的诗歌发展却又是前所未有的高速，无

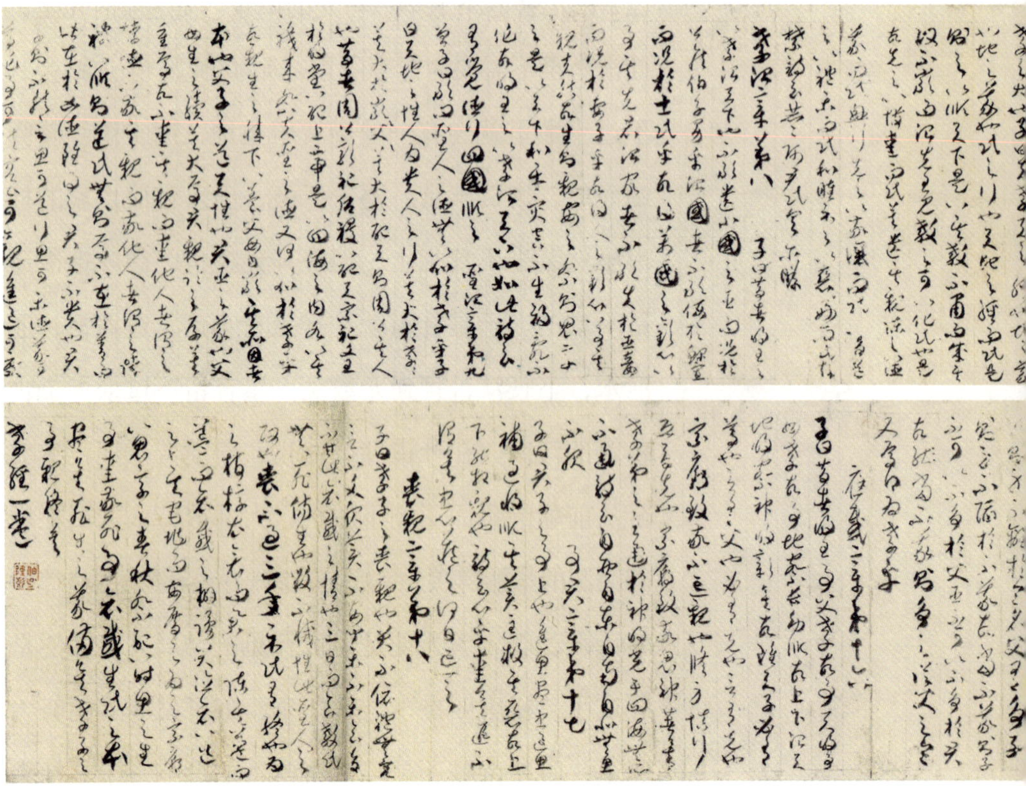

《草书孝经》　唐　贺知章

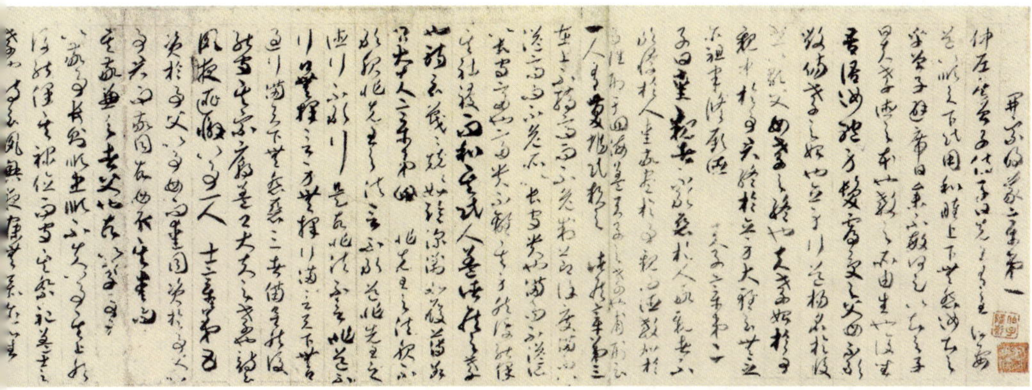

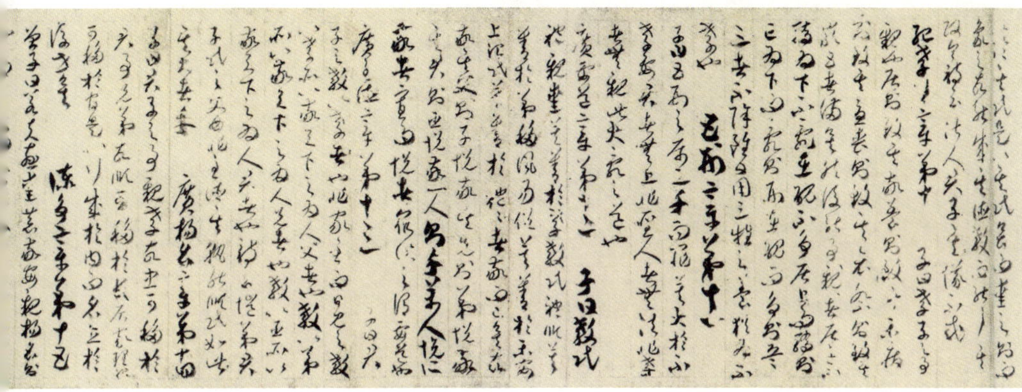

《姑苏十景册　虎山夜月》　明　文伯仁

论是以陶渊明、鲍照为代表的山水田园诗派，还是承袭自汉朝的乐府诗派，都有了长足的进步。而在这期间，杜甫看到了谢灵运、谢朓、鲍照之所长，并照着他们的文风，开始了诗文的学习。杜甫在这些吟诵模仿的日子中，或许也在眼前那一句句精湛的诗文之外，遐想着那一条条青石板路、一幕幕小桥流水，那摇曳如柳枝随风、一顾倾人城的佳人，那轻晃如酒醉欲眠、梦入芙蓉浦的小楫轻舟。整个江南，就这样摇晃在杜甫的少年时光里，荡起了他无限的向往。所以当杜甫站在姑苏城外，看着千年之前曾悬挂伍子胥人头的城门缓缓打开时，应当也曾欢呼雀跃，并大步流星地踏入了城中。于是他在虎丘山的剑池旁，看着池中的鲤鱼穿梭于荷藕之间而心生豪放；在吴王的墓前沉默地看着花开花落，回忆着夫差与西施的爱情；在城内繁华的酒馆里豪迈地痛饮，看着雪白的鱼肉因氤氲的蒸气而模糊不清；在晨光熹微中看着面前的码头，似乎在闪烁间看见了通往扶桑的道路。“饮酣视八极，俗物都茫茫。东下姑苏台，已具浮海航。到今有遗恨，不得穷扶桑。王谢风流远，阖庐丘墓荒。剑池石壁仄，长洲荷芰香。

《姑苏繁华图》 清 徐扬

嵯峨阊门北，清庙映回塘。每趋吴太伯，抚事泪浪浪。枕戈忆勾践，渡浙想秦皇。蒸鱼闻匕首，除道哂要章。”这是多年后杜甫对于这一趟江南之行的回忆，每一个笔画之中，都依然跳跃着无限的欣喜。

游历完姑苏之后，杜甫便在金陵停留了一些时日。在金陵城中，杜甫没能寻得王家或谢家的所在，当年不可一世的金陵王谢，如今早已烟消云散。不过好在金陵城还是留下了一些东西，比如杜甫脚下踩着的这些道路，或是眼前瓦官寺内的维摩诘壁画。这幅壁画本身也充满了传奇的色彩。相传在东晋时，瓦官寺刚刚重建完成，在重振名声与筹集资金的双重需求下，寺庙举行了一次法会募捐。但是在那个

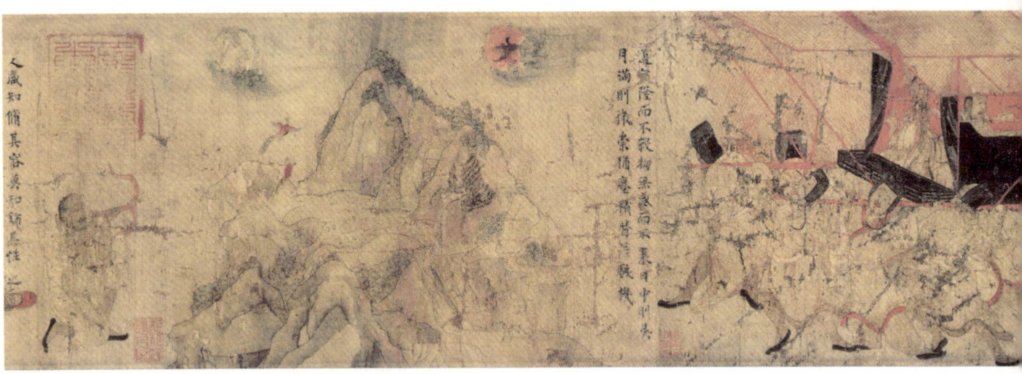

《女史箴图》（局部）唐摹　晋　顾恺之

时候，百姓生活本就不甚如意，能募捐到的钱款并不多。就在庙里的和尚们挠着头皮不知如何是好的时候，顾恺之踏进门来，在功德簿上大笔一挥写下100 万两。和尚们都惊呆了，面对他接下来需要一面墙壁的要求迟钝地点头接受。于是在接下来的一个月内，顾恺之安静地待在寺庙里，在那一面偌大的墙壁上涂抹着鲜艳的色彩，勾勒着繁复的线条。一个月的时间很快就过去了，顾恺之拿着画笔走出房门，看着聚在一起眺望着门内壁画的和尚们哂然一笑，侧身推门，让出了和尚与宾客们的道路。那一日，金陵城内万人空巷，所有人都聚在瓦官寺内，顾恺之看着桌上堆积如山的银票，不无自得地耸了

《洛神赋图》宋摹　晋　顾恺之

一下肩膀，然后贴着墙边的阴影，悄无声息地和杜甫擦肩而过——顾恺之顺着光路走进历史，杜甫逆着阳光踏入庙内。一进门看到这幅维摩诘像时，杜甫便站住了。这是天才少年第一次直面一代绘画宗师的作品，绝世才华配合着长久的磨炼，一笔一画、一抹一涂，无一不传递着顾恺之的教诲，即使有着出类拔萃的天纵才华，也要经过长久的沉淀打磨，在岁月的洗礼之后，方能窥见独步天下的道路。杜甫跟随着旻上人的步伐，从墙角一步一步沿着墙壁

走过，仔细地揣摩着每一笔技法，最终走到房屋中央，喃喃以为画绝。旻上人看见他出神的样子，轻轻吹了声口哨，拍着他的肩膀将他带到了画像的左侧，隔空指了指画上的蝇头小楷。杜甫凑近，再凑近，才看见了这细微的文字，那一点点淡雅的墨水，深深印在了这幅壁画之上，同时也印在了杜甫的心里。良久，杜甫才缓缓直起身来，他沉默地转身，紧抿着双唇离去。旻上人看着面前这个少年突然收敛锋芒，也随着庙中的野花一起，露出了微笑。他随后快步跟上，拍着杜甫的背要再带他去看看梁武帝居住的鸡鸣寺。虽然在史书的记载中，杜甫应该只是大声赞赏，但笔者相信在那全无敬畏的赞扬之中，总是有着这么一层震撼隐在底层。

太阳从城东落到了城西，秦淮河畔的柳树飞舞，偶尔挥出一两片老叶，艄公撑着小船吱呀着向前，鱼儿跟着船后的涟漪起落，又时不时被岸边将馒头揉碎的孩童引去，城南的集市远远地传来热闹的叫卖声，北归的雁群划过黄昏的流云，杜甫跟旻上人天南海北地闲聊着，这样的下午似乎平淡得像是浪费时间，但无论是杜甫还是我们，都希望这样的下午时光能够再长一点，最好永远都不会结束。这就是整个金陵城最好的时光。杜甫站在金陵城边挥手与旻上人和许八告别时，自然想不到这就是他们连同着背后的金陵城最后一次出现在他的生命中了，在往后四十多年的人生中，杜甫再也没能回到江南，再也没能回到王谢堂前，再也没能回到这个平淡的下午。杜甫只能在之后的日子里，一遍遍地回忆着这段时光，“虎头金粟影，神妙独难忘”。旧日的江南就这样一直存在于杜甫的心中，一摇一晃，漾出满天的日光。

其实当时的杜甫并不想离开这片土地，如果可能，杜甫是很想继续这段日子的，甚至此生就听着呢喃吴语，终老而去。如果是这样，那么中国的诗歌史上，或许会多一个韦庄、一个温庭筠，中国现实主义诗歌的高度也将因此而降低许多。不过好在，杜甫的报国之志没有熄灭在苏杭的暖风中，比起沉醉于江南的小酒馆内，杜甫还是更愿意踏过宣政殿高耸的门槛，一展胸中抱负。于是在开元二十二年（734），杜甫返回了故乡巩县，一边准备着次年的进士考试，一边向县府请求保送的资格。据传科举考试由隋炀帝杨广创立，在唐朝经由太宗李世民、武后武则天等诸位皇帝不断补充调整，最终形成了较为完善的制度。在唐朝，如果有人想参加进士考试，通常要先经过当地学馆的推举，在得到学馆的认可后，才能进入下一个考试环节。而杜甫在之前的三四年中一直徜徉于江南的山水之间，自然没有进入学馆学习，更遑论得到学馆的推荐了。所以杜甫只能通过乡里的上报推荐，再经过州县的遴选，才能去长安城一睹首都的风貌，参加进士考试。当

然，这样的捷径也是需要付出代价的，这样的考生在唐朝，被称作“贡生”，他们通常在冬天的时候和各地州府送往长安的贡品一起出发，在过年前抵达长安城。杜甫也无法避开科举考试直接进入朝堂为官，所以在开元二十二年（734）的冬天，杜甫“背着”孔子、孟子的论著，在家人期盼的目光中，踏上了赴京赶考的道路，只是最终，杜甫并没有抵达长安。在这之前的一年，也就是开元二十一年（733），长安遭到洪涝侵袭，城边的粮食种植地大面积减产，无法满足城内权贵们奢华的生活。于是在开元二十二年的正月，唐玄宗就前往东都洛阳暂住，唐中宗曾经笑称为了填饱肚子而行幸洛阳的唐朝皇帝是“逐粮天子”，而唐玄宗这次对粮食的追逐一直延续到了开元二十四年（736）十月，所以这一次科举，最终定在了洛阳举行，在这个杜甫声名远扬的城市。

熙攘的人群，连天的楼阁，千家万户长明的

《黄流巨津图》　明　陈洪绶

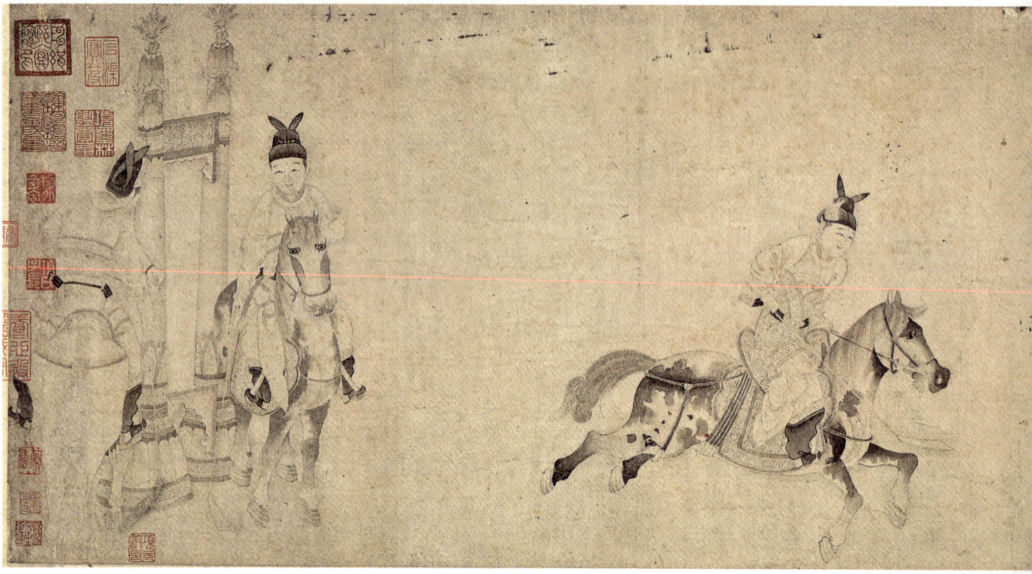

《明皇击球图》 南宋 佚名

灯火，厚重城门古旧的威严，这一切对于杜甫来说都是那么的熟悉，就是在这里，他结识了无数的上流权贵，开始了诗文的学习之路。这里的一砖一瓦、一花一树，都记载了杜甫往日在此的无限风光。杜甫在这座熟悉的城市里一步三晃地闲逛，几个小孩追逐打闹着从他身前飞奔而过，手中漏下的冬枣在地上滚动着，沾上了满身尘土。杜甫走上前，捡起了那粒小枣，轻轻拂去了表面的尘土，在那群小孩

好奇的目光中，杜甫自信地露出了笑容。是的，正如这颗小枣一样，离开这里 4 年的杜甫也没有让自己的才华蒙上尘埃，他甚至越来越意气风发，他有实力，有名气，有独属于少年的自信。但这样的自信如若没有经过打磨，便是发硎的利剑而未配剑鞘，不知究竟是在面对大敌时一剑封喉，还是在藏于怀中时误伤自己。不过无论是哪一种可能，此时的杜甫都没有为考试忧虑，而是穿梭在洛阳城的大街小巷中，或访友，或饮酒。此时的洛阳城因为有了唐玄宗的驾临，较之以往更加热闹。各家酒馆里人声鼎沸，每幢青楼间水袖起落。杜甫提着一壶酒，一步一顿地挤在人群之中，如不小心落入潮水中的草叶一样。杜甫看着豪迈的胡旋舞，闻着鲜美的羊肉汤味，听着茶馆里说书人的醒木声，高唱着歌，惬意地踏入了开元二十三年（735）。在逐渐冒出新绿的柳叶间，杜甫背着手走到了春闱的考场前。杜甫打量了一下面前庄严的考场，满心自信地高昂着头颅走了进去，迎着监考官严肃的目光坐下。在他的身后，无数曾经在洛阳听说过他才名的人也都伸长脖子看着他的背影。无论是文学界内的名家，还是文学界外的百姓，都认为面前这个人必定可以一举中第。

只是现实往往没有那么容易顺应人们的心愿。走出考场的杜甫更加志得意满，继续在洛阳城中游玩，和每个儿时好友畅想着未来出将入相的日子。可惜这样春风沉醉的日子没过多久，就在放榜时被无情击碎了。杜甫反复扫过那为数不多的几行名字，愣在了那里。站了许久后，他才在众人上下打量的

《杜甫诗意图》册第一开　清　王时敏

目光中低着头，快步转身离去。史书上说杜甫此时还没有经历过人生的不易。24 岁，正是狂傲不羁的年纪，虽然遭受了落榜的打击，但仗着年少与才气，他并未将之放在心上，很快就开始了下一段漫游。但这其中，多少还是有着些许面对乡邻伙伴时的羞愧难当。在初夏的早蝉刚刚开始鸣叫时，杜甫便备齐了行囊，踏上了第二次漫游的道路。或许是因为已经领略过了江南的风光，又或许是为了换一换心境，杜甫没有再次踏上前往江南的客船，而是转头北上，选择了山东与河北。

山东、河北，在这两个地方，中华民族开始发展兴盛，孔孟儒学由此发源壮大，泰山这个对于中华民族而言意义重大的瑰宝也坐落其间，文学上更是诞生了东汉时期的孔融、王粲，两晋时期的王羲之、郦道元。不需有疑，这两地的历史文化，都无比厚重，杜甫在见识了洛阳的繁华、江南的婉约之后，终于进入了中华文化的起源之地，在触摸了流派文采的外衣之后，开始了对于中华文化最本质的探求。

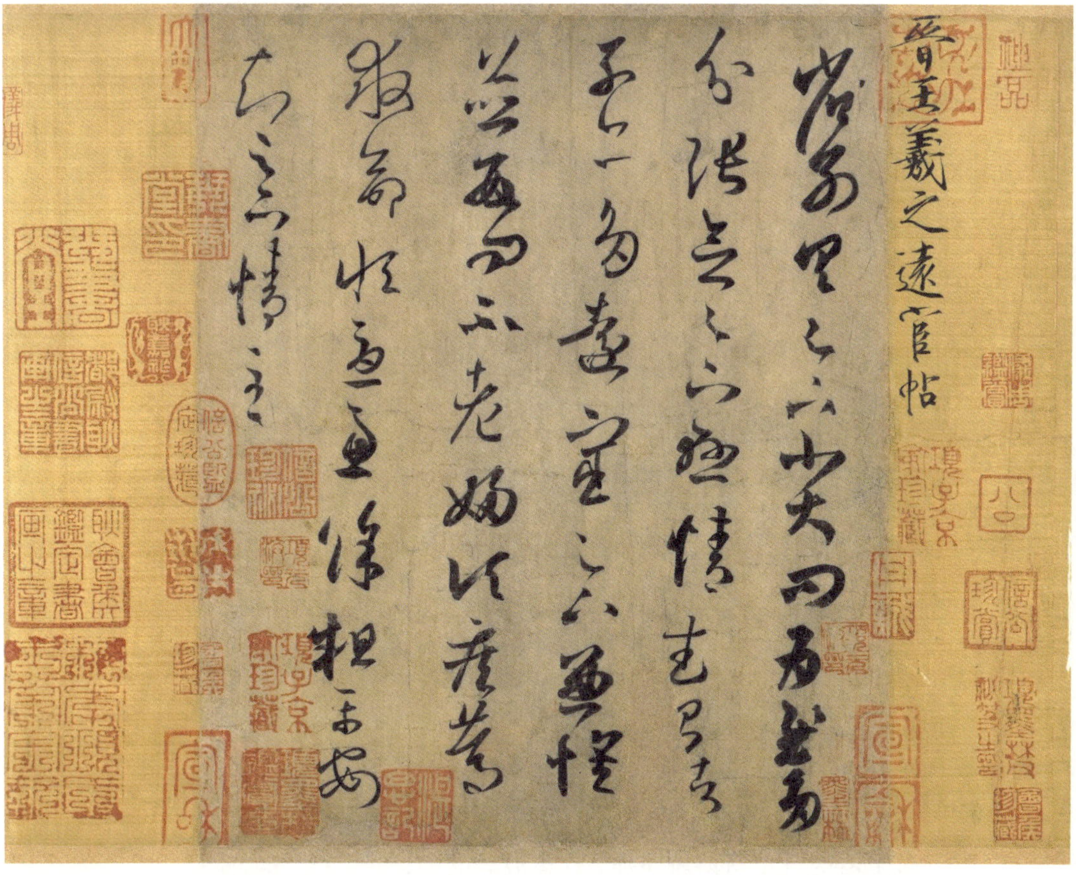

《远宦帖》　晋　王羲之

兖州是古代九州之一，从夏禹时期开始，这个名称就一直陪伴着我们这个东方国度迈过亘久的岁月，一步一步增添着沉厚的气息。这本应是一个需要静心感悟的地方，但杜甫并没有这么做，而是锦帽貂裘，快马袭入瑕丘，沿途放声高歌。这段时期的杜甫与我们印象中的他完全不同，此时他的父亲杜闲正是兖州司马，作为他的儿子，杜甫在兖州自然是快意潇洒。这段时期的杜甫不会去关心百姓艰难困苦，不会去对权贵趋炎附势，正如他自己在之后的诗作中所说，他在这段日子里，“放荡齐赵间，裘马颇清狂”。他在这段时光中跑遍了这块极具历史的土地。在杜甫纵马的踢踏蹄音中，春花飞舞在邯郸，冬雪飘落在青丘。长风呼啸拂过林间，带来流水的回响。远空之上，有鸿雁飞渡，杜甫放马而前，朝天一箭鸣去，而后他便携雁归来，与人击掌大笑，在落日下一同回到兖州的城楼之上，“从来多古意，临眺独踌躇”。这时的杜甫仅仅 25 岁，在这个年纪，杜甫对格律的运用

《杜甫诗意图》册第二开
清　王时敏

白沙翠竹江邨暮
相送柴門月色新

已然纯熟至极，只待放下清狂与放纵，低头去看看人间的现实，就能点燃这位伟大的现实主义诗人的光芒。在泰山，这束光芒提前闪耀了一瞬。杜甫在光明顶前，看着绵延的远山，仿佛直看到吐蕃新城燃烧的战火，碎叶城边颤抖的孩童。百姓的徭役日渐繁重，他们或悲伤或愤怒的语言汇在一起，聚在他的笔端，他期待自己居庙堂之高后可以给苍生谋福泽，助河山以太平，于是他写下了这首诗：

岱宗夫如何？齐鲁青未了。
造化钟神秀，阴阳割昏晓。
荡胸生曾云，决眦入归鸟。
会当凌绝顶，一览众山小。

——唐　杜甫《望岳》

03

青年之遇

佳人倚虚幌，知音同嗜觞

吟诵出了这样的诗篇后，杜甫满意地离开了兖州。在这段时间里，杜甫虽然没有深刻地领会这块土地间所蕴含的理念，但其中无数前人凝聚起的气息，还是烙在了杜甫潜藏的意识之中，只待他真正走进现实的那一瞬爆发出来。不过，此时距离这一瞬间的到来还有一段很长的时光，至少在开元二十九年（741），也就是杜甫30岁时，这一瞬间还在等待着这位青年的叩问。这一年杜甫来到了首阳山下的尸乡亭暂住，住所后面便埋葬着他的两位祖先——杜预和杜审言。在无数个星夜里，杜甫望着满天的繁星，感悟着杜审言诗句中的狂傲，追忆着杜预“以计代战一当万”的豪迈。但与此同时，杜甫也很迷惑。不同于其他文人，杜甫在长达10年的漫游间，一直专注于游历感悟，结识的朋友或是与他一样锦帽貂裘的世家子弟，或是在山河间挥洒年少活力的江湖游者。而对于散在各地的名家大师，杜甫并没有过多地拜访，没有出入于豪门间的妥协，自然也不会得到事业上的援助。在首阳山下的这段日子里，杜甫经常会坐在祖先杜预的坟前，追忆着

《杜甫诗意图》 宋 赵葵

杜预名震天下的一生，想着自己而立之年仍碌碌无为，难免陷入焦急与愧疚。杜甫在这样的思虑中任由首阳山上的飞花落在肩头眉梢。

但在首阳山的这一年中，杜甫并非毫无所获，甚至可以说，这是他人生中最为重要的一年。在这一年，他失去了自己的父亲，也遇见了自己的一生挚爱——杨氏。当时杨氏的父亲杨怡是弘农县司农少卿，而杜甫的父亲是兖州司马，两人可以说是门当户对。于是，在首阳山鸟雀呼晴的欢快啼叫声中，杜甫和杨氏许下了白头偕老的承诺。这一年他 30 岁，她 19 岁。在此后几十年的人生中，杜甫并没有给她安稳的生活，甚至有些时候，她只能看着空荡荡的米缸，忍受着从未感到过的饥苦。杨氏原本嫩如青

葱的手指因为多年的劳作而粗糙，原本弱柳扶风的身姿因为长久的奔波而佝偻，当年令百花失色的容光过早颓靡，漆黑如墨的长发夹上了银丝。杨氏嫁给杜甫后的生活绝对不是顺遂的，但她一直是幸福的。无论是在之后兵荒马乱中，还是在穷困潦倒的“补绽过膝”里，他们始终相守着、相爱着，直到生命的终点。不过这都是后话了，至少此时此刻，杜甫依然意气风发，他在大婚的夜晚，轻轻拥抱着她柔弱的身躯，许诺着光辉灿烂的未来。

在婚后的一段日子里，杜甫和杨氏一起漫步在乡野的田道间、洛阳的闹市里。杜预和杜审言的坟前多了一个长坐的身影，故去的人仿佛在云中碰撞着酒杯大笑，欣慰地看着自己的后辈找到一生所爱。

《洛阳楼图》　唐　李昭道

这样的日子一天一天过去，寒来暑往，秋去春来，直到杜甫的姑母去世。

天宝元年（742），也就是杜甫结婚后的第二年，姑母看着家室圆满的杜甫，了无遗憾地离去了。杜甫埋葬了养育他的姑母。人们都是这样，平日里总以为时间还多，直到分离的那一刻，才忽觉世事无常，终身遗憾。杜甫只能把这满腔的悲伤倾注于墓碑上冰冷的文字中，试图给他的姑母再带去最后一点温暖。

失去了姑母的杜甫一时有些迷茫与孤独，他经常坐在姑母的家中，看着自己曾经跳过的门槛，曾经与姑母一起共进晚餐的餐桌，似乎那升腾的热气还会如往常一般延续下去，那一声声温暖的低语还会出现在他的耳边。只是这些终究不会再出现了，每一个人的离去，都会带走一些独特的情感，母亲去世 20 多年后，杜甫再次失去了母爱。人们说，小孩与大人的区别就在于，小孩做错了事有人帮他改正，而大人没有。在这年的早春，杜甫开始迈向成长为大人的道路。这样的开始很悲伤，但无论是伟大的他还是我们，都是如此开始的。我们不能例外，他也不能。

失去了姑母的杜甫没有办法再独自徜徉在自由的海洋里，他只能回归家庭，封建的规矩与枯燥的思想流动在这个家庭的空气中，妻子杨氏无微不至的关怀也没能改变杜甫压抑的心情。这样的日子如同死水般沉闷，重复着固定的流程，依照着规定的礼数，似乎时光都不再流动，杜甫被困在了一个循环的牢笼之中。这样的生活自然不是一个诗人能够忍受的，于是杜甫在首阳山和洛阳城之间来回奔波，希望能够打破这样无聊到令他发疯的生活模式。但这次，无论是首阳山的青山花雨，还是洛阳城的繁华闹音，都无法再激起他一丝一毫的创作激情，他的灵感似乎枯竭了，原本见叶落而伤秋、听潮生而激昂的天赋也随着这样的日子而被禁锢。杜甫只能每天无所事事地在街上闲逛，有时则长久地盯着洛阳城内的河水，挥霍着漫长的光阴。这样的日子似乎永远没有止境，杜甫也不知道究竟该如何摆脱这样的境况，直到两年后，也就是天宝三载（744），河边的柳树由浓绿转为淡黄时，被赐金放还的李白来到了洛阳。李白当时已经名满天下，杜甫自然也是听说过的，于是在打听到李白住所后，他立刻登门拜访。就这样，浪漫主义和现实主义的最高峰碰撞在了一起。他们当时并不知道，在之后长久的岁月里，二者的名字会被一次次并列提起，他们都将在自己的诗歌领域成为首屈一指的人物，“李杜文章在，光焰万丈长”。他们当时只知道，面前的这个人或许是世界上唯一能理解自己的人。是年，杜甫 33 岁，李白 44 岁，年长的那位有着放歌纵酒的浪漫，年轻的那位有着浓郁顿挫的深沉。李白这位诗人我们都很熟悉了，关于他的伟大可以单写一本书来赞颂，事实上，

《杜甫诗意图》
明　孙枝

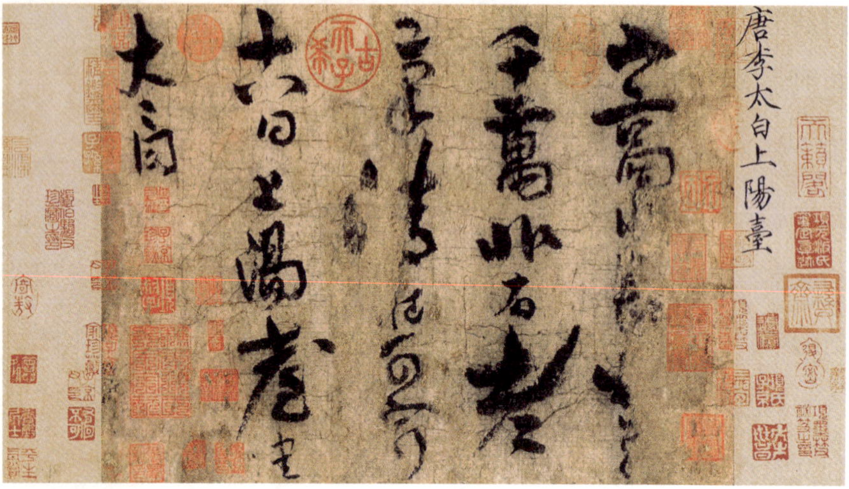

《上阳台帖》 唐 李白

也的确已经有很多文人写过很多名篇来表达自己对于李白的热爱，有白居易所谓“诗之豪者”的客观论述，也有余光中吟赞的“酒入豪肠，七分酿成了月光”。李白是游侠出身，在当时那个空洞的宫廷诗歌大潮中，他是用自己豪迈的气魄与浪漫的思想创作出飘逸诗篇的谪仙。而这种飘逸，无疑是超脱于众人之外的。李白不喜欢尘世间的一切枷锁，所以他不喜欢老旧的孔夫子，不喜欢规矩的帝王堂，他在 18 岁时就敢告诉李邕“宣父犹能畏后生”，在翰林院任职两年就辞职离去，“安能摧眉折腰事权贵，使我不得开心颜”。他虽然有进入朝堂为官，过上富足生活的愿望，但还是无法忍受那样钩心斗角的生活，最终选择了成为自己，成为那个无拘无束、贵妃伺酒的逸仙。

这一年，李白刚刚被玄宗赐金放还，佩着一把华丽的长剑，带着名满天下的潇洒自信，出现在了杜甫枯寂的人生里。这把锋利的荆楚长剑，斩断了杜甫牢狱般的人生。杜甫就这样被重新唤起了活力，李白的一切故事对于他这个传统的官僚子弟而言，无一不是新鲜的。李白身上完全没有中原腐儒的死板气息，相反的，由于他出身西域，身上还总带有胡人的气质。他说怀古，是“携妓东土山，怅然悲谢安”；他说悲愁，是“人生在世不称意，明朝散发弄扁舟”；他说杀人，是“千秋二壮士，烜赫大梁城”。他在玉盘珍馐中停杯投箸，又在玉笛暗飞中思起故园；他在“六龙回日之高标”中长咨嗟，又在“白波九道流雪山”中笑孔丘。李白总是能感受到一些与常人不同的东西，又能将其通过极端浪漫的文辞完美地表达出来。无论是因为没有经历科举教育而自由的思想，还是独特出身带来的奇异视

《太白吟行图》　南宋　梁楷

野，甚至只是在喝醉了之后，于酒精的催发下急欲高涨的诗情，都能让他写出常人无从模仿的诗篇，哪怕是历代名家们，也只有苏轼能略窥一二。

这样独特的李白充满着致命的吸引力，再加上他总是充沛着的炽热感情，使得杜甫在跟他醉饮一场后，便立刻起身回家，收拾好所有的行囊，和20年后听闻唐朝大军收复河南、河北时一样，紧紧拥抱了他的妻子，然后跟着李白挥手向这段无聊的时光作别。

在路上，杜甫听着李白说他曾经和朋友南游洞庭，只是可惜他的朋友早早病死，李白因为没钱只能暂时将他埋葬在洞庭湖的玉盘青螺之间，又在之后将他的尸首挖出，背在身上，一路借钱才最终安葬在了鄂城的东面。走到了小丘旁边，李白又说起他曾经远至剑南，在那些高山上总有云雾缭绕，如同仙人隐居其间,每到傍晚就有子规啼鸣,月寂空山。他绘声绘色地描述着天上白玉京，缥缈的云雾中宫阙霞光盛放。丰沛的浪漫想象感染了杜甫，他听着李白爽朗的声音，也沉入了李白的世界之中，甚至拿过李白腰间的长剑，在落日的余晖中试图舞出侠客的剪影。

他们就这样一路闲游，直到李白提出，要去王屋山拜访华盖君。一向接受儒家教育的杜甫第一次对于求仙问长生的道教产生了兴趣，于是跟李白跨过汹涌的黄河，来到小有清虚洞天。只是这一次，上天似乎有些不满杜甫的选择，他应该属于脚下盛衰轮转的大地，属于那些在压迫之中苟延残喘的黎民，头顶虚无的天庭太过遥远，那条路就交给李白来走，杜甫，还是应该稳重地行走在大地上，用他

《仿米芾洞庭空阔图》 明 董其昌

无华的笔触亲吻着一条条伤痕。

当他们抵达那一片草香冉冉的所在时，华盖君已经离开了尘世。杜甫求仙问道的路途戛然而止，只能失望地和李白一起沿着原路返回。杜甫一路上低着头，背着手，踢着小石子，李白走在他的前面，虽然抿着嘴，但依旧昂着头颅大步流星。杜甫看着面前的身影，突然发现了自己缺少的，或者说想要的究竟是什么。他想要的，不是李白身上幽邃的神秘气息，而是他那总是放纵着的自信，乐观着的逍遥。于是杜甫也抬起了头颅，率先唱起了歌，李白略带惊讶地回头，随后也哂然一笑，噘起嘴长啸着呼应，惊起满山的飞鸟。朴实的歌谣和跃动的呼啸交织在一起，蔓延在王屋山的黄昏间，又夹杂着黄昏，汇入中国诗歌的长河间。

下山之后，他们回到了汴州，寻仙之路戛然而止，他们就闲晃在酒馆之中。“将进酒，杯莫停。”李白总是一边说着这句话，一边把杜甫灌得头昏脑胀，并嘲笑他不堪的酒量，随后推开酒馆的窗，迎着夏日夜晚依旧带着些许温度的熏风，指着月亮吟诵出一首又一首的华美诗歌。只是他吟诵出的这些诗歌

《清吟消夏图》
明　宋旭

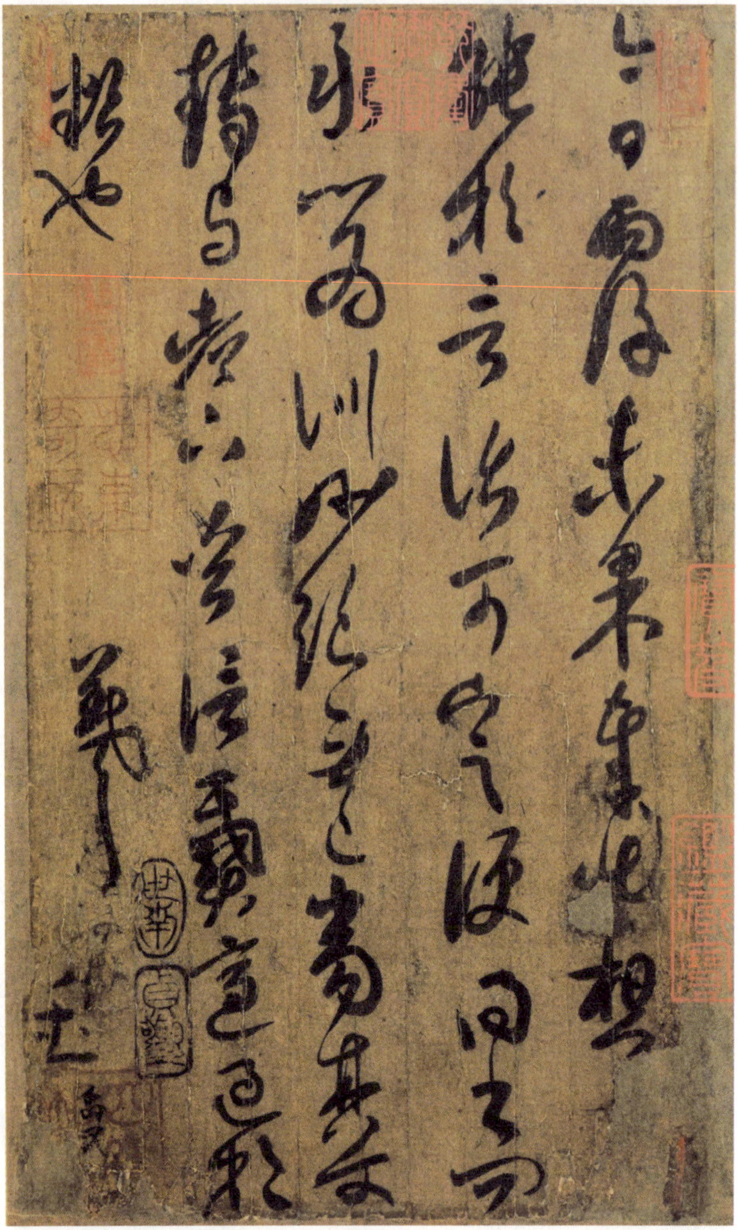

《雨后帖》　晋　王羲之

我们再也无从知晓了，在唐朝之后的连年战乱中，无数的名篇消失在纷飞的战火里。或许其间，有很多不输给“万里悲秋常作客”“长安不见使人愁”的诗歌，甚至可能他们自己最得意的诗篇都没能流传至今。这实在是令人不免喟叹的遗憾，不过也正是有这样的遗憾，才使得后人吟诵出的诗句更显珍贵，或许在那之间，就有着李杜遗失的佳作，又或许在千年之后，我们的后人也无从知晓。

在汴州饮酒乐盛的日子随着夏日的炎热很快流走，在这段时间里他们已经成为真正无话不谈的挚友。所以在秋风渐起的时候，李白说要去陈留拜访他的从祖李彦允时，杜甫也提着行囊跟上，二人继续聊着昨晚没有聊完的谢灵运或者王羲之。在路上，他们遇见了另外一位诗人高适。边塞的雄浑壮志与萧索凉风加入了吟啸与歌谣之中，在齐州和宋州间飘荡着。

高适在早些年就已经和杜甫相识，所以尽管当时高适的诗歌还没有那么出名，但在杜甫的引荐下，李白也能看出眼前这个人所具备的才情，于是愉快地把他拉入了自己的队伍里，一同继续漫游。当时

《挟弹游骑图》　元　赵雍

的宋州是一个商业、农业和江湖并存的地域，在这里有一个非常适合打猎的场所，叫孟诸。于是他们三人欢快地骑上马，飞驰着来到了这片广袤的湿地，在当地县尉贾至的陪伴下，热闹地纵马飞驰，抽箭挽弓，天上猎鹰盘旋，长风拂过震荡的飞羽。伴随着李白惊喜的呼喊，猎鹰收起了宽阔的羽翅，急冲而下，高适也随之偏头，右手一松，白羽如流星般一闪而过，弓开如秋月经天。这一日所有人都很尽兴，直到夜色吞没了最后一丝天光，他们才提着猎物兴尽而归。回到城里，原本有些疲乏的身躯又被丰盛的晚宴唤醒，李白几杯酒一下肚，场面就热闹起来了，李白指着白天没打到猎物的几个人调侃，拿起酒杯让他们罚酒，而对打到猎物的那些人，李白也要去敬酒。于是在李白一次次举杯、众人一次次回应之后，大家都温热了身躯，驱散了白天被秋风吹起的寒意。餐桌上的饭菜已经不剩什么了，所有人都不再保持端正的坐姿，而是横七竖八地躺在桌边。好出风头的李白看着席间的模样，知道氛围已至，第一个吟诵出了他的诗篇，杜甫听完也立刻接上，但他们开出的篇章实在太妙了，席间的其他人只能坐着聆听，

《春夜宴桃李园图》 明 仇英

高适偶尔能接上一两句。此时的唐玄宗正在皇宫里吃着享用不尽的佳肴，他绝对不会知道，整个大唐最为盛大的晚宴，并不在他的面前，而是在一个小小的酒楼之中，那里有“诗仙”和“诗圣”一同饮酒。他们就这样玩乐了一整个夜晚，直到次日朝阳随着报晓的鸡鸣初升，他们才依依不舍地结束了这场宴会，在酒楼门口拱手告别。贾至带着众人远去，李白、杜甫和高适返回酒楼，倒头就睡，桌上的花影变短，又变长，他们的鼾声也随之响起，又消失。

在之后的日子里，李白一行三人在这片土地上

四处巡游，登上芒砀山等着仙人抚顶，坐在单父台北望逐渐凋零的山川，“置酒望白云，商飙起寒梧”。当然，诗人们之间的聊天自然也不会只有山色和月光，无论如何描写山川草木的优美，最后都难免落到自身的感触与王朝的兴衰上。他们在旷野上叼着细草望着北方，在那里，边关将士们正在浴血厮杀，征伐着不需要的土地，杀戮着无罪孽的人民。很多年后，杜甫回忆着这段时光，写道：

昔者与高李，晚登单父台。
寒芜际碣石，万里风云来。
桑柘叶如雨，飞藿共徘徊。
清霜大泽冻，禽兽有馀哀。
是时仓廪实，洞达寰区开。
猛士思灭胡，将帅望三台。
君王无所惜，驾驭英雄材。
幽燕盛用武，供给亦劳哉！
吴门转粟帛，泛海陵蓬莱。
肉食三十万，猎射起黄埃。
隔河忆长眺，青岁已摧颓。
不及少年日，无复故人杯。
赋诗独流涕，乱世想贤才。
有能市骏骨，莫恨少龙媒。
商山议得失，蜀主脱嫌猜。
吕尚封国邑，傅说已盐梅。
景晏楚山深，水鹤去低回。
庞公任本性，携子卧苍苔。

——唐　杜甫《昔游》

虽然当时还是开元盛世，上至天子下至庶民，家中的仓库总是堆满了稻米，但他们这些人还是敏感地察觉到了这太平盛世下的暗流，只是遗憾自己无力作为，只能在这里抒发一些无谓的忧愁。李白的酒壶敞开着，丝丝酒气弥漫，涌入三人的鼻腔，只不过他们谁也没有拿起酒壶。

这一年的秋天在他们的欢声笑语中过得很快，当他们在林间寻觅了整整一天而没有拿出过一支箭时，他们突然都意识到，眼前的树叶已经不再是微黄的了。他们回到了酒馆门口，天空中，最后一群南渡的大雁纷飞着掠过，他们彼此都很清楚，分别的时刻就要到来了。唐朝时的分别不像现在，在那时，一旦分开就是天南海北，杳无音信。所以古人们对于离别总是非常看重，哪怕不是至交好友，只要沾上分别，感情也似乎会厚重起来。更不必说是敏感重情的诗人们，何况还是李白、杜甫这两位“诗人中的诗人”，他们对于分别只会更加真切。他们在酒桌上畅饮，呼唤着店小二拿来店里所有能吃的东西，互相勾着肩膀，李白爽朗大笑，杜甫流下眼泪，高适则拍着他们的肩膀，拱手作别。天宝四载（745）

《雪图》
五代十国
巨然

的初冬，他们三人都离开了宋州，高适前往楚地远游，李白和杜甫则到了山东的齐州。

齐州，也就是今天济南所在。北方的冬天往往都是宁静的，细雪飘落在树梢，雪落完后就是温和的日光。这样的宁静很容易让人深陷其中，李白和杜甫自然也不例外，于是他们翻身下地，牵着各自的马匹懒散地走进了济南。身后的马儿打着响鼻、脚步凌乱，身前的老人晒着太阳静静昏睡。

进了济南，李白和杜甫暂时分开了一段时间。在这段时光里，冬去春来，李白去紫极宫拿求仙问道的箓牌。杜甫已经明确了自己的选择，没有再跟随李白前往，而是在济南城内四处闲逛，直到城外的小山上，繁花星星点点地盛开，飞燕前前后后地回巢。在这个春天里，杜甫整理着这段时光中的所得，回忆着李白雄健的诗风，比较着自己的诗文。这样的整理直到人们在济南城门前聚成人海的那一天为止，他在阁楼上看着熙熙攘攘的人群，而后走向了济南城内最奢华的府邸，拜访刚刚抵达济南，在当时名满天下的李邕。李邕此时担任着北海太守一职，和尚未闻名的杜甫不一样，他已经是文学界的领军

《文饮图卷》 明 姚绶

人物，随便给人写写文章、在或花哨或朴实的牌匾上题几个字，就能收到许多钱财，更不必说还有每年丰厚的俸禄了。所以李邕的生活十分快意，一生中不只自己过得豪放不羁，还时常接济穷困的朋友，他就这样豪放了几十年的岁月。这样的人物难以轻易地见到，但杜甫依旧来到了他的府邸之前，拱手向门卫请求通报。门卫不耐烦地转身进府，皱着眉

头走到书房门前告知李邕，却意外得到了欣喜的应答。门卫并不知道，无论是杜甫还是李邕，此时的脑海里都没有了世俗的功名利禄，只有在洛阳城那一溪灵动的流水旁，秋叶翻飞在暖阳中，卷过高阁的窗前，窗内三人围着饭桌席地而坐。李邕和王瀚看着面前青涩的少年，激动地与杜甫讨论着诗文，甚至打听杜甫的宅邸所在，要搬过去和杜甫为邻。

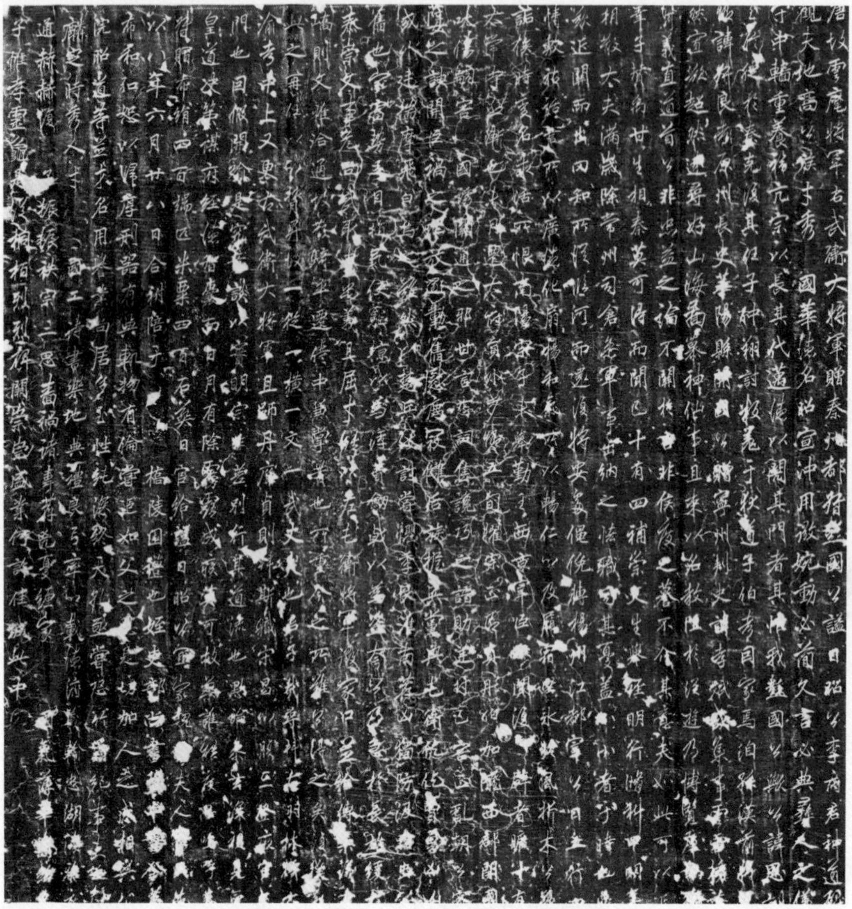

《李思训碑》 唐 李邕

杜甫看着面前两位涨红了脸的中年人，也微红着脸略带紧张地回答他们的问题，杜甫回答得越多，面前那两位地位崇高的文人就越激动，杜甫也越紧张，脸色愈发红润，最终，房间内的三个人都涨红了脸。方正的文字流转在他们的身边，随着李邕拍着桌子的声音一起，震动着中国诗文界。门外偶尔有人经过，虽然知道里面坐着的是谁，但看着他们红透的脸，还是小声嘀咕着“三个酒鬼”。

李邕的宅邸很大，但再长的青石板路也经不起如此快速的行走。他们的回忆随着脚步的停驻戛然而止。杜甫看着眼前的人，头发已经褪去了漆黑；李邕看着眼前的人，表情已经褪去了青涩。年轻人迈入了中年，中年人迈入了老年。那一天，杜甫跟在已经略佝偻的李邕身后，缓慢地在他的藏书间踱步，书架映出的光影逐渐平直，他们聊天的声音逐渐响亮，书桌上微弱的烛火摇曳着，书房外繁复的窗户微颤着，似乎承受不住这千年的浩瀚。聊这样的话题，应当走在辽远旷野里，走在漫天的盛阳里，飞荡在远山沧海间，让古朴的大地来承受。

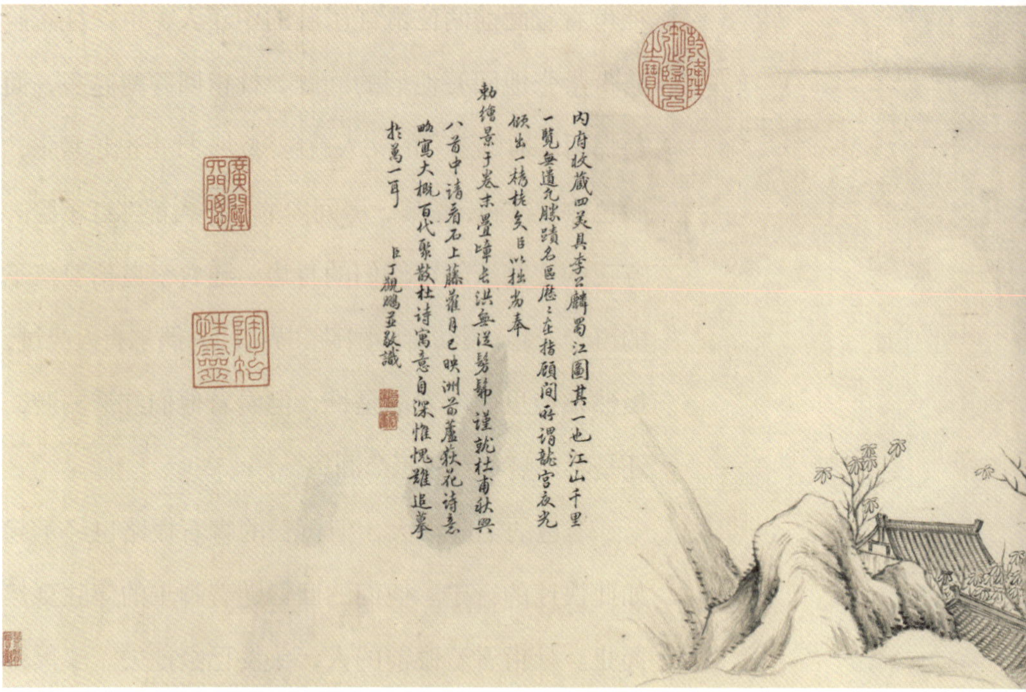

《杜甫诗意图全卷》 清 丁观鹏

于是没过几天，李邕和杜甫就决定去济南的郊外游玩，初夏的远郊比起已然喧闹起的济南城内更显宁静，风声只是风声，没有夹杂着贩夫的吆喝，脚步也只是脚步，没有夹杂着急促的奔行。山川都沉寂着，安静等候着杜甫和李邕的到来。他们先是从洛阳的分别聊起，杜甫说着自己这些年来的所见，说着苏杭的摇曳，说着齐鲁的诚朴，李邕不时地加以补充，讨论着他也曾去欣赏过的顾恺之画迹，然

后杜甫又说到自己成婚后的趣事，李邕听到这时一挑眉头，转而露出了更为欢愉的笑意，其间夹杂着欣慰以及对时光的感慨。看着杜甫眉眼间藏不住的温柔，李邕的目光也随之逐渐迷离了，他想起了很多年前的那个午后，他也是这样认识了自己的妻子。

就这样李邕也开始聊起自己的家人，两个惊才绝艳的诗人此刻就像是两个普通人，没有浪漫的想象，没有诡谲的比喻，只有稀松平常的午后闲聊，抱怨中也带着清晰的爱意。这一段聊天如同变奏曲的间歇，虽然低缓，却是心灵之间的沟通。

随后杜甫和李邕又聊起了当时的文学，从“初唐四杰”一直到崔融，他们给予每个人或褒或贬的评价，即使张说是杜甫最赞赏的人，李邕也没有留下情面，而是出于他们二人之间的仇怨而颇为严苛地指责他。杜甫自然难以服气，于是一一给予反驳，他们的脸色又越涨越红，直到红透似天边的晚霞。李邕率先站起来，背手向马车走去，杜甫先是一愣，突然意识到了自己所作所为的不妥，立马快步跟上，但一时也不知如何开口，只能低着头，小心翼翼跟在李邕的身后。他就这样亦步亦趋着，直到马车的跟前，李邕一只脚踩着木阶，突然扭头看了他一眼，又扭回头小声夸赞了一句杜审言的诗文，随后就钻进了马车里。杜甫听到后一愣，随后如释重负地露出了笑容，活动了一下肩膀，看着马车里背对着他的老人，微微行了一个礼，随后也登上了木阶，看着面前依旧严肃的老人，附和了一句张说的坏话。于是老人也笑了。二人的重逢一同随着这个夏天远去，这也是杜甫和李邕最后一次见面了。两年后，李邕永远离开了这个繁盛的大唐，此后杜甫只能独自一人回忆着这些时光，不会再有下一次济南的重逢。

在这个放肆的夏天结束之后，杜甫和李邕作别，返程回到了兖州。李白早已在兖州的客栈中等候了很久，又是在一个秋天，他们两个人拥抱着重逢，和他们相识的那一天一样，柳树柔黄，鸿雁飞掠。

这段日子里，李白第一次感受到了没有好友的寂寞，他在无数个痛饮狂歌的白日，迷茫着不知道该为谁恣意飞扬。而杜甫更加不必多说，他本来就是一个重感情的人，与仅有一面之缘的李龟年在多年之后重逢都能让他感慨赋诗，更何况是他一生崇拜的挚友李白。所以在他们又一次搭上彼此肩膀的时候，两个人都欢呼着双眼含泪，紧紧拥抱，最后还是李白率先绽放出了笑容，拍了一下杜甫的肩膀，又将他带进了酒馆之中。于是饮酒、对诗，对诗、饮酒，两人相倚着碰杯，呼出的酒气缠绕着，织出的盎然诗意笼罩着高坐于日台之上的伏羲，微倚在瑶台之旁的嫦娥，轮转交替。

他们从宿醉中醒来，略做整顿，就又一次一起前往东蒙山寻仙问道。虽然杜甫对于成仙已经没有

《饮中八仙图》（传）　元　任仁发

兴趣，但既然是李白要去，杜甫便也选择随之前行。或许是他们都意识到了最终的分别即将来临，所以都十分珍惜这最后一段相伴的时光。他们白天肩并着肩走路，晚上盖着同一床被子睡觉，就这样一路晃晃悠悠地抵达了道观。他们一路上走得很缓慢，经常会找个空地闲坐，李白叼根草叶，杜甫捧着书卷，李白不再潇洒着大步流星，杜甫也不再内敛着沉默不语。他们拖沓着上山，又拖沓着下山。那时他们都还没有到达彼此领域中的山巅，或许李白已经窥见一二，但终究还没有穿过萦绕在山巅的云雾，

所以他们对彼此的评价都过于保守。李白认为杜甫还处于学诗的阶段，杜甫也仅仅评价李白的诗“往往似阴铿”。但也或许是他们对彼此的期望都太高了，认为对方目前所展现出来的远远不足，所以给予了这样在我们如今看来难以理解的评价。不过他们最终都会见证对方抵达山巅，他们会在那孤高的顶峰中彼此对坐，曾经遮掩目光的云雾流动在脚下，所见除了日月，再无其他。只是那时，他们无法再肩膀撞着肩膀，酒杯碰着酒杯，呼出缠绕的酒气，酩酊着开怀大笑。

《京江送别图卷》 明 沈周

天宝五载（746），李白和杜甫在兖州的石门分别，李白说要金樽重开，再见石门，杜甫流着泪答应，死死抓着李白的袖口，李白也抓着杜甫的袖口，两人长久地对视着，已经带上寒意的暮秋，卷挟着最后一只越冬的鸿雁，鸿声飘过他们的耳边。大雁的南渡结束了，他们的相逢也结束了。还是李白率先松开了手，向后退了一步，抖擞了一下袖口，又一次洒脱地露出微笑，挥了挥手，转身离去。杜甫站在原地看着那个越来越渺小的身影，月白的袖子举起又落下，举起又落下。这就是中国历史上两位伟大的诗人留给彼此的最后一幕，此后天高路远，再无相逢的时机。自此之后，李白没有再写过杜甫，

而杜甫在长安的繁华里、在秦州的客栈里、在成都的草庐里，一次又一次地将李白写进诗中。杜甫在这些诗句里再也没有提起过“阴铿”这个名字，李白听着这些诗文，也再没有说过杜甫只是个学诗的孩童，只是默默端起酒杯，安静坐上整整一夜。从此之后，现实主义带上了浪漫，浪漫主义带上了现实，李白和杜甫纠缠着在诗文中烙上对方的气息，也在不知不觉间使得浪漫主义和现实主义这两个原本毫不相关的风格卷在了一起。他们呼出的酒气缠绕又散开，带着难以分割的彼此，“山随平野尽”“月涌大江流”。

李白和杜甫就此分开，李白要去重游楚地，杜甫抚着自己已经有些粗糙的脸颊，回想起20岁的自己提起包裹，踏出家门，云游天地之间的样子。这15年间，他失去了父亲和姑母，失去了无拘无束的自由，与此同时，他所拥有的阅历与知识都已经积累到了一个足够的高度，《望岳》和《遣怀》已经在他的笔下挥就。于是在天宝五载（746），35岁的杜甫又一次收拾好了行囊，只是这一次，他的目的地不再是那些慵懒的山川，而是那座恢宏的长安城，是那天下的中心，而杜甫也很自信，相信自己可以成为这个中心的中心。

04

壮年之悟

可怜长安久，边庭白骨荒

长安虽在本书中出现过多次了，但直到此刻，我们才随着杜甫的脚步缓慢靠近了这座极尽繁华的城市。长安城东西长 18 里，南北宽 15 里，城内有 8 条纵向的大街和 14 条横向的大路，它们将这座城市切割出了 110 个坊，整座城市如同棋盘一般铺开在陕西的山岭之间，在每一个棋格里，都有着各自的盛衰与悲欢。杜甫看着面前雄伟的城门，又一次遥望着城墙。只是长安城的城墙，与洛阳或济南都不一样，这无关长宽厚薄，更多的是在那一块块灰黑的石砖中透出的漠然气息——不知是因为见过太多的兴衰，还是只因为天子之都的森严。长安城就这样矗立在杜甫的眼前，他在距离城门几百米的地方停下了脚步，自信的他也产生了迟疑。杜甫很清楚，在这座城市里，有太多太多的天才，他们取得的成就在史书的笔墨间与苍生的话语中是如此耀眼。杜甫突然间开始怀疑自己究竟能不能在这座城市中取得他想要的一切，有很多天才绽放于此，同时也有很多天才陨落而散，即使是李白那样的绝代诗人，最终也只落得一个赐金放还的下场。杜甫长久地站

《杜甫丽人行图》　宋　佚名

立在长安城前的那座小丘上，风拂动着草叶，惨淡的阴云笼罩在他的头顶，舒张又卷起。此时的长安城也不再是往日的长安了，英明的君主已经随着年纪增大而逐渐昏聩，眼前是红烛罗帐，耳边是四海升平，60 岁的唐玄宗陶醉在他创造出来的繁华盛世中，又被身边奸佞小人的恭维之语隔绝了与外界的交流。于是他在晚年沉迷于求仙问道，身边的宠臣每日告诉他有神人现世，赞扬他的功德，并且四处降下福瑞之兆，鼓励他只要再接再厉，最终定能位列仙班。就这样，唐玄宗困在了道教与宫苑的世界里，将大小政事都交给了奸臣李林甫，大唐的清明也一同消逝了。

天子不再明辨是非，卑鄙下流的李林甫握住了天下的权柄。从李林甫执政开始，开元年代的遗风逐渐偃下了气息，张九龄、严挺之被挤出长安，贺知章主动请辞归还乡里。此时的杜甫还不知道眼前这座象征着大唐尊严的雄伟城池已经从内破落，但他知道自己的目标：我 7 岁咏凤凰，15 岁和李邕、崔尚对坐论诗，28 岁写出《望岳》，我自信我能在这座城市里留下自己的身影，为了担起身后家庭的重任，也为了让这个世道再回正轨的理想。于是他向前迈出了脚步。

长安城的酒馆里，随处可见杜甫儿时难得一见的胡旋舞，深目高鼻的西域人和大唐的百姓毫无隔阂地夹杂而坐，其中很多西域人都能流畅地说一口纯正的汉语。窗外就是繁华的晚市，人群摩肩接踵地向前流动，满天的商幡飞舞，小贩的贩卖声和饭馆内的嘈杂声混在一起，这些都让杜甫感受到了前所未有的新奇。于是杜甫拿着银两去和西域人一起赌博，凭着当年和李白酣然对饮时学到的规则与技巧，他竟然也能在西域人精明的算计中赢下几局。这更让杜甫无比兴奋，他拿着骰子疯狂地摇着，使劲一拍，而后揭开命定的胜负。窗外的烟花照亮了时光的迁跃，在酒馆内震耳欲聋的欢呼中，大雪褪为细雨，草色抽出新绿。天宝五载（746）的样貌在杜甫欣喜的高呼声里逐渐模糊。春闱，就这样在烟笼中来到了杜甫的面前。

天宝六载（747），受唐玄宗的诏令，天下贤士齐聚长安，一时间，整个长安的街头巷尾都萦绕着文墨的气息。他们或声名远扬或籍籍无名，但都留下了自己的诗篇文字，每一个人都高傲地抬着头，俯视着身旁的同行者，挥洒着自己的才气。他们彼此咬着牙较劲，都想在考试开始前，率先在这个宏伟的城市展示出自己的才华。但这次春闱前的比拼并没有持续多久，当他们又一次聚在大雁塔边忙着赞颂天子的高洁与长安的辉煌时，却听见人群中传出了另一首诗歌：

知章骑马似乘船，眼花落井水底眠。

汝阳三斗始朝天，道逢麴车口流涎，恨不移封向酒泉。

左相日兴费万钱，饮如长鲸吸百川，衔杯乐圣称避贤。

宗之潇洒美少年，举觞白眼望青天，皎如玉树临风前。

苏晋长斋绣佛前，醉中往往爱逃禅。

李白一斗诗百篇，长安市上酒家眠，天子呼来不上船，自称臣是酒中仙。

张旭三杯草圣传，脱帽露顶王公前，挥毫落纸如云烟。

焦遂五斗方卓然，高谈雄辩惊四筵。

——唐　杜甫《饮中八仙歌》

于是所有的比拼都停止了，这首《饮中八仙歌》就这样默默地传遍了整个长安。而它的作者，却正坐在一

《临李伯时饮中八仙图》 明 唐寅

个小酒馆里安静喝酒，据这个酒馆的老板说，那是李白常坐的位置。杜甫沉默地举起酒杯，窗外吹拂着春风丝缕。

杜甫的名声传遍了整个长安，春闱也到了开始的时候。这是杜甫第二次参加科举考试，上一次在洛阳，他年少气盛着不愿为官职苟且，潇洒地踏进踏出，那时的他满身意气，步履轻快地访遍名山大川。而这次在长安，他却无法再像从前那样漫不经心地张扬肆意。他只能安静地站在队伍的末尾，感受着前所未有的紧张感笼罩全身。日晷的阴影逐渐缩短，

原本偷偷打量他的几位考生也安静了下来，杜甫闭着眼睛，攥着衣角的手指微微发白，直到宏大鼓楼的钟声响起。整个广场上的人群缓缓向前移动，考官开始搜身检查名录，一样的旧木门槛，一样的新绿柳依，一样的众人瞩目，杜甫感受着这样的熟悉，在进门前最后扭头看了一眼慈恩寺塔，万物在灿烂的阳光里流转，只有它安静地站立着。这一次杜甫没有再高傲地提前把卷子拍到监考官的手中，而是认认真真地、一字一句地书写着此前的积累与天赋才华。如果不出意外的话，那么杜甫必然能够一举中第，他会和之前的王维、之后的白居易一起，在慈恩寺塔下春风得意，一展鸿鹄之志。只是可惜或者不可惜的，权倾朝野的李林甫为了讨玄宗欢心和稳固自己的地位，用所谓的“野无遗贤”刷掉了所有考生。这很荒谬，但的确令玄宗十分欢欣。在这个春天，慈恩寺塔始终安静地沉默着，它的脚下，第一次失去了簇拥的人群与闪耀的群星。就这样，两位中国历史上的伟大诗人都没能够踏入庙堂的门槛，他们都被政治所驱逐，同时又都被诗坛所接纳，并最终坐上了诗文国度的王座。

不过这都是后话了，至少在目前，杜甫只能沉默地仰望着慈恩寺塔。无论是放榜日前的踌躇满志之士，还是自知无望却仍等待奇迹的书生们，现在都只能抱着自己包裹中的书籍，颓然地坐在地上，一遍遍回忆着自己的作答。有些家里在朝堂为官的，清楚这究竟是因为什么，却也慑于李林甫的威压不敢声张，只能把包裹里的书都掏出来扔在地上，还有一些人愤慨着撕掉那些圣贤之言，对空一撒，拂袖而去。周围的人群或发泄着怒气或沉默着压抑，有一个颓坐的书生认出了《饮中八仙歌》的作者，便走过来询问他的答案。杜甫诚恳地做出了回答，那个颓然的书生听完后瞪大了双眼，不可思议地看着空白的榜单，随后又点了点头，扯了扯自己的包裹，诚挚道谢后转身离开。杜甫看着他离去的身影，叹了口气，摇摇头也准备离去。就在这时，愤慨着的那些人中也有一位认出了杜甫，大踏步走到了他的面前，沉默地凝视着他。杜甫以为自己惹上了长安城内的高干子弟，一时间有些慌乱，急忙露出讨好的笑容行礼询问，那位书生闻言眼神一滞，往后退了一步，正要避开让路时，又瞟到了杜甫那清澈的眼神，最终，还是咬了咬牙，走上前去靠近杜甫的耳边，快速耳语。杜甫蜷在袖子里的手抖得更加厉害了，那位书生在说完后拍了拍杜甫的肩膀，快步离去，而杜甫那原本清澈的眼神中却弥漫着惊异的愤怒。他低着头，站在那里许久之后，才回头望向那巍峨的大明宫，在那高耸的屋脊之后，是如血残阳。

无论那太阳多么残缺，它也依然是太阳。在它的照耀之下，杜甫只能无奈地开始他在都城的十年。但是身处长安，没有一个稳定的职位是完全没有办法生活下去的。在杜甫原本的计划中，那一袋金银

《大明宫图卷》（局部）　元　王振鹏

足够他挥霍无度，可在科举为官的路被李林甫封死之后，杜甫的生活突然就紧张了起来。他不知道下一份工作在何时才能得到，那份工作又有着什么样的酬劳。他的父亲杜闲并没有给他留下太多钱财，杜甫的骄傲也不允许他向夫人的娘家要钱。于是他只能开始节衣缩食，长安城内的酒馆里再也没有杜甫潇洒自得的身影。作为大唐的首都，长安的物价自然是高昂的，虽说由于同样高于其他地方的收入，这样的物价并不难以让人接受，但是对于杜甫这样的无业游民而言，这是完全无法负担的。于是在慈恩寺塔旁的桃花落尽之时，杜甫看着那桃树下的摊子上随着炉火升腾起的烟雾，深深地低下了头，握紧了那已经空空荡荡的钱袋。

长安城的大门随着宵禁在他身后合上，杜甫又一次回头看了一眼这座城门，那砖缝中透出的森冷敲打着他的心脏。半年之前他还意气风发地站在远处的山丘之上，现在山丘上的白草已经被浓绿铺满，而他却已经落满了尘霜。时移世易，杜甫就这样开始了他在长安城外的流浪生活，身上的衣衫逐渐被风撕得褴褛，脚下的鞋子慢慢被土咬得坑洼。他在毫无遮拦的原野上被烈日晒得汗流浃背，于是只能脱下那些粗剪的大布，同时尽量远离那些肮脏的流浪汉和粗俗的村民们，独自躲在一个僻静的角落里，安静地看着水波中荡漾的太阳，如同看着时光的流逝，他突然伸手一抓，将那跳动的小鱼放进一旁的竹篓，这便是杜甫当天的晚餐。他就这样流浪在长安城外，并且一直念叨着陶渊明或者竹林七贤的名号，他自认是一个隐士，现在不过是徜徉于山水之间，在人生的道路上稍做休整。陶渊明或者竹林七贤在山林间修书作文，想要拜见他们的人络绎不绝，他们却拒之不见，偶尔放出一两篇新作，立刻就引起整个文坛的轰鸣回响。这样的人，才是隐士，他们被社会需要却不愿被需要，而那些本就没有人需要，只能在山林中度日的人，只是以“隐士”自欺欺人罢了。杜甫已经很久没有看过书了，身上原本华贵的衣裳也被他当去换钱，那些从他身边飞驰而过的马车中投出的嫌弃眼神，烈日也没能遮住。

文人的骄傲终于被现实击垮，杜甫回到他依树搭成的小屋，看着那座小屋里孤零零的包裹，终于走过去拿了起来。清高的理想主义不能在沉重的现

《竹林七贤图》
清　俞龄

《竹林茅屋图》 明 宋克

实主义中生存，杜甫终于在流浪的日子里知道了这一点，随后将那清高藏在了心里，用最后一点钱财置办了一身体面的衣物，向城里的贵族们赔上了笑脸。长安城里有一些贵族还痴迷于南北朝时的风气，在自己的宅邸中修建出一池清风明月，在闹市中于林荫下抚琴高歌。这样的风雅，独有自己一人固然

是不够的，于是他们就会招揽有点学识或者技艺的文人琴师们一起附庸着。天宝七载（748），37 岁的杜甫就这样装扮着那些贵族们的生活。写出令李白都欣赏的诗文，填一填僵硬的宫体诗，对杜甫而言不过是手到擒来。杜甫依靠这样的才学每次都能获得最多的恩赐，但他还是会去山野里采撷一些新鲜的草药，并且在贵族们给予自己恩赐时回赠一些草药给他们，由此将恩赐当作是卖药而来的收入，这是他最后的骄傲。但无论如何，在出卖了大部分清高之后，他逐渐可以在长安城里养活自己了，虽然是“朝扣富儿门，暮随肥马尘”。

这样的日子对于杜甫来说不过是为了糊口，对他的文学创作而言没有丝毫益处。杜甫又一次在这样日复一日、毫无意义的生活中陷入了迷茫，他每次赔着笑脸面对那些一无所知却

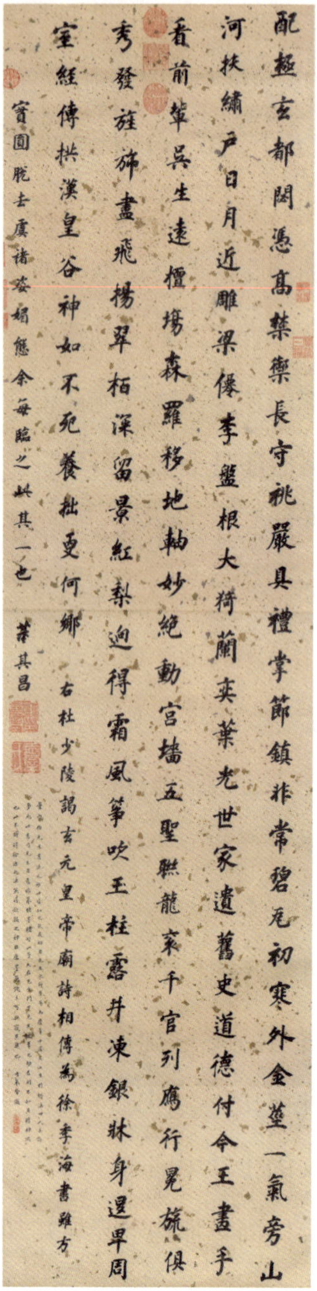

又装腔作势的贵族时，内心都是麻木的。每日重复不变的假山琴曲，一成不变的游观路线，让他又一次陷入了这样死板的循环，只是这一次，不会再有一个李白来打破了。于是他只能继续重复着这样的生活，直到第二年的冬天，他终于无法忍受了，杜甫弯腰作揖向那些贵族们请辞，原本准备好要说出口的长篇理由却被他们的轻轻一挥手而打断。杜甫浑身一震，随后弯着腰倒退着离开了他们的府邸，而那些贵族们只是看着面前轻歌曼舞的青楼女子，摸着下巴、眯着眼。

《杜甫谒玄元皇帝庙诗》　明　董其昌

杜甫佝偻着背坐上了回洛阳的船舱，满脸尽是疲惫。他蜷缩在船舱的角落里，两年前，同样的山水看着他志得意满地光临，如今却看着他失意地离去。天上的月亮安静地照耀着，终南山的冷风吹拂在杜甫的心间。长安到洛阳的交通由于皇帝们的往复驾临而十分便捷，不过几天时间，杜甫就已经看见了那熟悉的古朴城门。他在船舱里撑着座位站了起来，有些颤巍地站上了洛阳城外的码头。他舒展了一下自己的筋骨，用力地活动着面部肌肉，反复深呼吸了几次，感觉自己调整好了状态之后，才拎起在长安省吃俭用买下的一些礼品，向着记忆中的地方走去。他踩上了他曾经刻过字的地砖，穿梭在记忆中的闹市里，向前走着，突然有一个小贩大声叫着他的名字。杜甫走过去，才发现是儿时一起打枣子的玩伴之一，玩伴从火炉里掏出一个烧饼塞给他。在玩伴的身边，他的妻子正在用力揉搓着面团。杜甫看着玩伴满足的笑容，眼神里尽是幸福，杜甫拿起烧饼向他抬了抬手，同时从腰上别着的钱袋子里拿出一些钱塞给了他，祝他和他的妻子能够长长久久，随后转身加快了脚步。和他的朋友一样，杜甫也有一个深爱着的人正坐在房间里，等待着推开房门时，温煦的阳光勾勒出熟悉剪影的那一刻。

房门在吱呀声中推开，杜甫看着房间内一切如旧的布局，紧紧抱着扑上来的杨氏。这几年的疲惫使得杜甫的眼睛随着杨氏颤抖的哭泣逐渐湿润，杨氏抚摸着他多出的深刻皱纹，杜甫则摇着头露出灿烂的笑容。院子里的鸟雀歪着头，被充满喜悦的二人吓走。杜甫和杨氏在院子里散着步，欢快地大笑、拥抱、亲吻，直到倦意袭来，沉沉地睡去，两个人的手也没有松开。杜甫已经很久没有睡过这么安稳的觉了，在梦里，他也能感到身侧不再虚无与寂寥。

沉沉的一觉醒来，已经是第二天的中午，杜甫睡眼惺忪地坐起，杨氏已经在厨房里忙活饭菜了。厨具久违地欣喜跳动，锅碗瓢盆碰撞着擦出喜乐的火花，冰冷的餐桌再一次覆上温暖的香气。杜甫就这样沉浸在了家庭这个美满的港湾里，他们一同携手出游，在城边的林叶间穿梭。杨氏欢快地跑着，偶然发现了一只正在打盹的狐狸，却又害怕吵醒它而不敢出声，便向在身后跟着的杜甫使劲招手。杜甫看着面前这个无声的场景，突然想起了多年前的那个下午，他也是这样遇见了她，那时花雨漫天，如今虽然已是暮冬枯寂，但好在物非人是。杜甫怔怔地看着，杨氏被盯得有些手足无措，又跑回来在杜甫的面前使劲挥了挥手，牵着杜甫的手继续游荡在洛阳城的闹市里。他们在由灯笼营造出的长明中，长久地倚靠在一起。这样幸福的日子，一走进去，便让人不再愿意离开。直到有一天起床，杜甫捏了捏空荡的钱袋，才又倏然惊醒。洛阳的物价，并不比长安低廉多少，杜甫卑躬屈膝一年的收入，在这短暂的日子里便消耗一空。他很清楚，这样的幸福又要结束了，在短暂地逃离了生活的压力后，他终究还是得再次回去，不过这次，他可以带着家的温度。社会或许冰冷无比，但只要有家庭的存在，这样的冰冷总还不会太过难熬。

杜甫就这样回到了长安，又一次出没于各大贵族的府邸，在他们的座位间来回穿梭，比以往更加卖力。这样的日子过起来似乎出奇的快，一整年很快就过去了。杜甫白天在那些贵族的聚会里吟诗作赋，晚上回到家里，又开始拾掇起那些已经落满灰尘的“圣贤”，将其一个个细心地整理好，聊着那些已然很久未接触的话题。杜甫就这样在艰难的现状中积蓄着力量,直到第二年,也就是天宝十载(751)的春节，杜甫在唐玄宗连续举行的三个庆典中将自己这 39 年的积累一起展露而出，当年写出《饮中八仙歌》的轰动才气，又一次涤荡在长安城内。杜甫将《进三大礼赋表》投入了长安城内专设的、供自认才高的文人们投寄作品的箱子里。这个箱子，每天都被各种各样的文章塞满，无数人不断尝试着凭借一次偶得妙手在这个城市里谋得一官半职。而在这样连续举行的大庆典里，试图一鸣惊人的书生自然不会少，杜甫排着长长的队伍，在无数人踌躇满志地投入作品之后，也满怀希冀地投入了自己的文章。随后，在唐玄宗惊叹的赞赏里，杜甫在一天内名动京城。那些被杜甫奉迎过的贵族们一时间都以此为豪，纷纷从那一堆堆纸团里将那些杜甫写过的诗文翻出来，整整齐齐地平铺开来，逢人就拿出来炫耀。不仅如此,他们还派人去请杜甫来宅邸内常住,放满钱财的盘子压得仆从双手发抖。但杜甫并没有时间理会这些东西，而是拿好笔墨，前往集贤院，等候唐玄宗吩咐的宰相亲考。只是和之前的春闱一样，杜甫铺满浩然才气的答纸在交上去后，如泥牛入海，归于沉寂。李林甫第二次拦下了杜甫的入仕之路，众人的吹捧再一次离他而去，那些贵族们也再不提要杜甫常住的事情了。杜甫又一次成为名不见经传的小角色，他只能回到投身于贵族府邸的生活，在回去的路上他看着自己亲手作成的诗文被丢入愈垒愈高的纸堆里，偶尔有一两篇飘在了地上，被无数人践踏。杜甫走上前去捡起，看着满是脚印甚至已经辨不出文字的纸张，终于愤怒地将它撕碎，用力地踩着那些碎纸屑，将包裹中的纸砚用力砸在地上。这样的声响引来了府邸中的护卫，他们逼迫着杜甫捡起纸砚和零碎的纸张，推搡着将他赶出了大门。杜甫回头看着奢华的大门缓缓关闭，紧紧抱着包裹，快步走回家，在将房门关上的那一刻，蹲在地上，放声大哭，手中那些沾满污泥的纸张被泪水浸透，墨水和泥水一起晕染在杜甫的手上。

长安城的新年又一次来到，杜甫和他为数不多的好友之一郑虔，在酒馆里听着窗外烟花绽放的声响和孩童欣喜的吆喝。两个失意的中年男人沉默着，只有桌中的酒气升腾而上，带起他们借着酒劲逐渐大声发泄。而他们二人还没有注意到，此时耳畔只有孩童的笑语而没有了成人的欢呼。直到次年春天，杜甫又一次走在回洛阳的道路上时，才发现无数的成年男子正在去往边疆的道路上。无论是满头白发的老人还是刚刚修剪过胡茬的青年，都随着大车、扛着兵器走向远方。朝堂内的大臣们在李林甫的带领下，只顾着费尽心机地讨得玄宗的欢心，连年发动对外的征战。原本和平的边塞因此连年战火纷飞，精锐的边防军队也因为不断出征而逐渐耗损疲累。直到如今，当年万骑斩西域的名将高仙芝也败在了纷飞的沙尘中，大唐已经站在了危险的边缘。可是长安城内的各位高官们已经被漫长的太平盛世迟钝了大脑，只顾着将享乐推向极致，他们吃一次晚饭所耗费的钱财，就可能达到普通百姓一年的收入。天宝十一载（752）就在这样的背景下到来了。杜甫与昔日一起游玩的好友高适，以及和高适齐名的边塞诗人岑参一起，在这一年的秋日登上了慈恩寺塔。作为整个长安城内数一数二的高点，塔顶的风景自然不会逊色，苍然的秋色充满了这座古朴的城市。“登临骇孤高，披拂欣大壮。”这是高适登上塔顶的感受，

西安慈恩寺塔旧貌

花逕不曾緣客埽
柴門今始為君開

这位著名的边塞诗人在这一刻似乎忘记了在边塞见识过的血泪，只余下了对眼前繁华美景的赞叹以及对出将入相的渴望，边塞的冷风似乎也陷进了这座城市的繁华媚色里。而杜甫，却并没有忘却这座高塔所依托的东西，当年在泰山顶上，那提前擦燃了现实主义巅峰的火石在此又一次碰撞，只是这一次，这束火焰再也不会熄灭。那些繁复的语言又一次汇聚在了一起，汇聚在了远去的终南山脚，盖过了瑶池中吸食人民血肉的娇笑和华清宫内奢靡无度的宴饮，杜甫写下了这首诗：

高标跨苍穹，烈风无时休。
自非旷士怀，登兹翻百忧。
方知象教力，足可追冥搜。
仰穿龙蛇窟，始出枝撑幽。
七星在北户，河汉声西流。
羲和鞭白日，少昊行清秋。
秦山忽破碎，泾渭不可求。
俯视但一气，焉能辨皇州。
回首叫虞舜，苍梧云正愁。

《杜甫诗意图》
册第三开
清　王时敏

惜哉瑶池饮，日晏昆仑丘。

黄鹄去不息，哀鸣何所投。

君看随阳雁，各有稻粱谋。

——唐　杜甫《同诸公登慈恩寺塔》

王朝看起来还是歌舞升平，实际上已经危机四伏。同行之人均被杜甫的这一首诗文点醒，他们一同看着脚下曾经灯火辉煌、昼夜不息的集市，如今已有一些人去楼空。他们在短暂地相聚后又一次分别，而那已经在杜甫心间烧起的火炬，再也不会熄灭。杜甫突然意识到了一直出现在他身边的百姓，他们并非无情的过客，他们也有着自己的人生，他们也和自己一样，有着爱的人，也被他人爱着。当年流浪时，那些流浪汉虽然粗鄙，但也曾教会杜甫如何生火，他们也曾经聚在火堆旁愉快地大笑。这些他曾经疏远的人，远远比他所希望靠近的权贵们真实可爱得多。他看着那些原本可爱淳朴的人们不得不提上兵器去往边疆，只为了满足那些大人物们讨好玄宗或在历史上留下名字的私欲时，再也无法忍受了。心中的火炬旺盛地跳动着，杜甫提笔，缓慢而又坚定地写下了这首诗：

车辚辚，马萧萧，行人弓箭各在腰。
耶娘妻子走相送，尘埃不见咸阳桥。
牵衣顿足拦道哭，哭声直上干云霄。
道旁过者问行人，行人但云点行频。
或从十五北防河，便至四十西营田。
去时里正与裹头，归来头白还戍边。
边庭流血成海水，武皇开边意未已。
君不闻汉家山东二百州，千村万落生荆杞。
纵有健妇把锄犁，禾生陇亩无东西。
况复秦兵耐苦战，被驱不异犬与鸡。
长者虽有问，役夫敢申恨？
且如今年冬，未休关西卒。
县官急索租，租税从何出？
信知生男恶，反是生女好。
生女犹得嫁比邻，生男埋没随百草。
君不见，青海头，古来白骨无人收。
新鬼烦冤旧鬼哭，天阴雨湿声啾啾！

——唐　杜甫《兵车行》

这一年杜甫 40 岁，少陵野老出现在了中国诗歌的舞台之上。在此前 40 年的人生中，杜甫一直描述着自然的秀丽或者向友人发泄着自己的苦闷，直到他 40 岁时，他的诗文才发生了转折，他开始描述在这昏聩统治下不幸的万民，开始讽刺君主荒糜的思想，他从这一时刻开始，走向了成为真正伟大诗人的道路。“哀哉两决绝，不复同苦辛。”“君已富土境，开边一何多？”“绣罗衣裳照暮春，蹙金孔雀银麒麟。”“犀箸厌饫久未下，鸾刀缕切空纷纶。”这是杜甫在长安城所经历的蜕变，他的思想在这里得到了真正的凝练，百姓的疾苦以及统治集团的腐朽深深印在了他的心里。虽然迫于生活压力他不得不继续向那些朽烂的权贵们投递着文章，但大唐的百姓，终于有了一个为他们说话的诗人，他的诗文与思想警示着后来千余年的权贵们，引领着后来数不胜数的文人们。

就在杜甫写着这些沉重的诗文时，他的两个儿子也随之出生。这些诗文或许能在诗歌领域换来天下赞颂的名声，但是无法换来一个足够稳定的生活环境。天宝十三载（754），43 岁的杜甫将他的家人们接来长安居住，但是在长安巨大的物质压力下，杜甫最终还是没能支撑起全家的开销。为了不让杨氏和他的孩子们受苦，他只能把他们送到奉先的杨氏同族那里生活，刚刚团聚的家庭，不得不再一次分开。这样的时光又过去了一年，直到天宝十四载（755）。时光就这样过去了，杜甫从意气风发至如今被社会打磨到老气横秋，脸上增添的许多皱纹和头顶生出的些许白丝却依然没有为他谋得一份安家立业的工作。或许是上天也不忍心再看下去了，这一年他终于获得了一个河西县尉的官职。但是在当时，县尉这一工作难以被任何一个有良心的人所接受：在任者需要向上逢迎领导，向下压榨人民。在当时已然溃烂的统治之下，想当好官，就得放弃当好人；想当好人，就得放弃当好官。杜甫在经历了这一切以及与之同来的心灵蜕变之后，毅然决然地拒绝了这个来之不易的官位。既然来到了人民之中，杜甫就不会再忍心选择离开。于是他转任了一个管理兵器的参军，就任前他还去了一趟奉先看望妻子。在路上，他看着百姓的疾苦生活以及已经麻木的眼神，心中满是同情与愁苦，他的心灵已经和人民紧紧联系在了一起。李白的诗歌固然旷古烁今，千古独此一家，但由于过度追求空灵的高阁仙境，忘却了脚下低矮的茅草平房。而杜甫则弯下腰去观察这些破旧的房屋，身处其间感受百姓的冷暖，并且将他们一起带上诗歌的山顶。《自京赴奉先县咏怀五百字》，将现实主义诗歌划出了一个新的时代。

“赐浴皆长缨，与宴非短褐。彤庭所分帛，本自寒女出。”这也是杜甫在长安城，也是在盛唐时期的最后一篇诗文，在写完后不久，“安史之乱”爆发。安禄山势如破竹地向长安城进发，往日无坚不摧的大唐铁骑在安禄山带领的军队面前兵败如山倒。因为隆冬而结成厚冰的河流给了安禄山足够开阔的地势，与安禄山联合的契丹精锐骑兵来往冲杀。二者一路打来，除了在河北遇见了颜真卿组织起的一些微弱的抵抗之外，一直到洛阳城下，都没有遭到挫折。镇守洛阳城的，是一代名将封常清，他当年在攻打大勃律时未尝一败，轻松收服大勃律地界。但那一次，他带领的是大唐的精锐军队，在战争中如臂使指，以少胜多更是司空见惯。而这一次，他只有临时招募到的几万人马，甚至来不及训练就要面对安禄山带来的精兵强将。虽然洛阳城有着完善的防守工事，但是在这样实力悬殊的差异之下，坐拥守城之利的封常清，还是没能阻挡安禄山的脚步。洛阳城破，封常清带领少数残兵败将逃回潼关，和已经威风不再的高仙芝一起镇守。原本就因为宠臣安禄山叛乱而提心吊胆的唐玄宗，知道封常清战败后，更加怀疑自己的识人眼光，于是削去了封常清的所有官爵，同时派遣监军不断来回于潼关和长安城之间。但是监军并没有如实汇报，他告诉这位老皇帝，封常清和高仙芝根本就不打算认真抵抗，而是在聚敛钱财，想要在安禄山到来时，直接献关投降。这样的谣言很快就传遍了长安，也传进了杜甫的耳朵，杜甫终于按捺不住了，带着他的家人连夜离开了这座城市。

唐玄宗也没能让自己镇定下来思考。从大唐建国开始，就没有出现过这样岌岌可危的状况，更何况他已经是一个年逾 70 的老人了，在连年的荒淫之中，年少时的英明早已被挥霍殆尽。于是他在极度的恐惧之中，听信了谣言，下令斩杀高仙芝和封常清。高仙芝和封常清没有一怒之下直接带兵造反，攻打

陳失姓氏北宋
近乎唐
甲午新秋

长安城，而是让潼关内的士兵们安静等待新将领的到来。唐玄宗在杀掉了封常清和高仙芝后，转头看向朝堂之上，突然发现曾经那些在大笑中破敌千里的名将们，都已经化为了坟冢中的枯骨；曾经名将如云的宣政殿上，已经没有了可以信任的将领。唐玄宗的选择只剩下了一个。于是，昔日开疆拓土、名震天下的凉国公哥舒翰再度出山，只是如今，他已不再年轻。在宴会上，白发苍苍的老人将国家命脉托付给了另外一个白发苍苍的老人，后者艰难地弯腰领命，带着从各地集结的 20 万军队来到了潼关。潼关自古以来，就是兵家必争之地，历朝历代的经营加上原本就险峻的地势，再添上哥舒翰的指挥，迟延了安禄山半年。

《明皇幸蜀图》（传） 唐 李昭道

直到至德元年（756）六月，哥舒翰在杨国忠的逼迫下，不得不领军出关，满头白发的老人大哭着和安禄山决战，最终惨败。荣誉满身的名将最后被部下捆着献给了安禄山，次年被杀。唐玄宗已经没有任何办法了，只能弃城出逃，安禄山不费吹灰之力就占领了这座奢华的城池，践踏着大唐最后的尊严。

05

中年之变

布衣唯独看，赤族迭罹殃

这个中国所有封建王朝中的繁盛时代结束了。习惯了太平美景的人们面对这样陌生的乱世全都陷入了绝望，无论是高贵的天子还是普通的黎民，在死亡面前都没有任何区别。哥舒翰战败了，天子在众人的保护下逃离，杜甫也从住在白水的舅父崔顼家中离开。但无论是天子的身边还是杜甫的眼前，全都是慌乱的人群。杜甫在经过了这么多年的劳累之后，早已经没有力气和众人相争，被队伍挤压着与妻子失散，在重表侄王砅的帮助下，才和妻子又一次会合。杜甫一家人陷入了从未有过的低谷，之前虽然难以吃饱穿暖，但至少还有一间房子可以提供风雨不动的安然，而现在，他们则不得不直面曾经被墙壁隔开的泥泞。

顺着远方飘来的黑云，杜甫带着一家人开始了艰难的流浪。杜甫背着他的女儿，杨氏牵着他们的儿子，一家人缓慢前行着，泥泞沾满了杜甫的鞋底。在空中轰隆作响的雷声终于爆发，漫天的雨点瓢泼而下，这其中或许也带着将士们死在潼关前的泪水。如果是平时，那他大概会一边叹息一边用诗句记录

《山雨欲来图》 清 袁耀

下这一景象，但此时的杜甫已经无暇顾及太多，他得忙着给年幼的孩子以及心爱的夫人找寻遮雨的树荫。孩子们从来没有见过这样的声势，在滂沱大雨中因饥饿和害怕而大哭。杜甫看着他的家人们凄凉地围在树干旁边，雨滴冰冷地砸在他们的脸上，转身冲入了雨幕，消失在绵密的雨水中。他已经 45 岁了，他的祖父杜审言在这个年纪，已经让天下知晓他的清狂；他的父亲杜闲，也已经是五品高官，可以供给他富足的生活，让他能够游山玩水，不知人间疾苦。而他的 45 岁，却连让他的家人们吃饱穿暖，有个避雨的地方都做不到。杜甫回忆起了这些年的生活，他自认才气不逊于过往将名字印在文学之碑上的任何一个人，但只能饱受屈辱。他跪在树下抱着树干痛哭，他并没有做错什么，却始终无法在这个社会获得成功。几年的悲苦在这一场号哭中发泄而出，天地似乎也不忍再磨砺他，雨势逐渐减小。杜甫的身侧不再有嘈杂的声音可以盖过他的哭泣声了，于是他擦了擦满脸的泪水和雨水，在地上找寻了几个被大雨拍落的野果，吹了吹，回到了他的家人身旁。杨氏抱着他们的孩子一直看着远处漆黑的山林，直到那个熟悉的身影从山林间走出，才猛地冲过去，紧紧地抱住了他。杜甫拍了拍杨氏的背，将那几个野果递给了他们的孩子，随后继续走在崇山峻岭之中。

几天后，他们终于抵达了一个小村落，杜甫刚好有一个朋友孙宰住在此地，他看着身后已经疲惫不堪的家人们，终于还是咬牙敲响了房门。原本以为会被冷漠拒绝的杜甫意外得到了热情的款待，孙宰拿出柴火给已经冻得面色发紫的杜甫一家烧水取暖，并且做好了丰盛的饭菜，看着杜甫的孩子们狼吞虎咽。随后他将客房打扫干净，帮杜甫一起把早已睡熟的孩子们抱上了床，互道晚安。杜甫在经过了漫长的跋涉后，也早已劳累至极，昏迷一般地陷入了沉睡。在这个绝望的时代，也依然有着人性的温暖。几天之后，杜甫恭敬地拜别了孙宰，将家人安置在了附近不远的羌村，随后，就出发去找在旷野中新登天子之位的唐肃宗李亨。或许是对孙宰真情的感动，或许是军民苦难的低语，又或许是匡扶社稷的愿望，杜甫这个屡次被国家摒弃的人，又一次走上了报效国家的道路。

只是这次，杜甫并没有顺利抵达天子所在之处，在去找唐肃宗的路上，杜甫没有注意隐藏躲避，最终被叛军抓获。又因为爱国的气节，他直白告知了叛军自己是唐玄宗手下的官员，于是被押往了长安。杜甫就这样又一次回到了长安城，只是这一次，曾经在慈恩寺塔上看过的恢宏皇宫、繁华闹市，如今都已经是残垣败瓦，空无寂寥。干净的道路被叛军杀戮的鲜血浸染，曾经被金银拥簇的高贵头颅此刻落在灰黑的泥土中，倒在那些被他们压榨的百姓之中。

杜甫看着路旁草丛里年幼的公卿贵族，原本含着金钥匙出生的世家子弟，如今却只能躲藏着生活；曾经他们连奢华晚餐都可以随意丢弃，如今却连一碗米饭都无法吃上。杜甫看着这座颓靡的城市，八月的月光映照着这样的凄惨，在过去的很长时间里，它映照着的都是喧闹的人山与起伏的灯海。杜甫看着面前残破的景象，突然无比想念刚刚分别不久的妻子，他很怕那一天的分别之后就再也无法相见，于是他写下了这首诗：

《露台月夜图》　元　张可观

今夜鄜州月，闺中只独看。
遥怜小儿女，未解忆长安。
香雾云鬟湿，清辉玉臂寒。
何时倚虚幌，双照泪痕干。

——唐　杜甫《月夜》

杜甫曾经陪着贵公子玩乐时经年而作的宫体诗风在这一刻突然喷涌而出，原本声美而气弱的诗调却带上了杜甫深深的思念与害怕。在这样的担忧中，杜甫开始尝试摆脱叛军的控制，寻找着出逃的方法。可是令杜甫没有想到的是，原本以为九死一生的尝试，却实现得无比轻松。或许是因为杜甫官位太小，关押杜甫的叛军并没有认真看管，而是和另外几个守卫一起每天喝酒赌博。杜甫趁着守卫酩酊大醉的时候溜出了大营，直到他回营，居然都没有被发现。于是杜甫干脆游荡在这座颓圮的城市里，他看着这些败亡的景象，听着城外唐肃宗派来的房琯指挥战争。房琯并不是一个真正有才能的人，虽然之后杜甫因为房琯每每的慷慨激昂而振奋地相信他，甚至因此丢掉了自己好不容易获得的官位，但这也无法改变房琯无能的事实。他带来的4万军队又一次惨败在陈陶，“孟冬十郡良家子，血作陈陶泽中水”。杜甫听闻这样的惨状，凄惨地写下这首诗：

国破山河在，城春草木深。

感时花溅泪，恨别鸟惊心。

烽火连三月，家书抵万金。

白头搔更短，浑欲不胜簪。

——唐　杜甫《春望》

杜甫再也无法忍受这样蹉跎的囚禁，他开始筹划越狱离开长安的方式。在临走前，他和旧友郑虔又一次聚在一起痛饮，只是这一次，他们两个人都没有再提起自身所遭遇的不公。至德二年（757）四月，杜甫走金光门离开长安，他回头看了一眼这座他曾经见证过“稻米流脂粟米白”的城市，握了握拳，连夜向凤翔奔去。他要让这座城市回到曾经无限风光的日子。

这一段路程终于没有再出现什么意外，杜甫在连夜跋涉后，穿着残破的鞋衣拜见肃宗，这是杜甫第一次直接站在天子的面前，他的眼里全是报国的热忱。唐肃宗也为这样的忠诚所感动，将杜甫留在了身边做一个谏臣。这个职位往往能发挥巨大的作用，谏臣可以及时纠正皇帝下达的错误命令或者不当的言行，而上一个将这个职位功用发挥到极致的人，正是一代名臣魏徵。只是杜甫不是魏徵，李亨也不是李世民，在对于房琯的处置上，杜甫出于对房琯的崇拜，言辞激烈地反驳了皇帝，在张镐奋力周旋之下，才勉强脱身。经历了这种危险境况的杜甫第一次明白了政治的可怕，政治不是诗文，光凭一腔热血是无法长远的。于是杜甫开始试图向政坛靠拢，不再频繁纠正唐肃宗的错误，而是一心一意地向他举荐人才。直到吴郁受尽冤屈被贬，杜甫才终于感受到了这种向政治妥协的痛苦，他每每念起吴郁的黯然离去，良心都受到剧烈的谴责，所以在唐肃宗要他离去看望家人时，杜甫立即收拾好行李离开。在路上，杜甫又写下了一篇《北征》。

这是可以和之前那篇《自京赴奉先县咏怀五百字》齐名的作品，在这两篇诗文里，杜甫展现了自己眼中所见的、脚步所履的大唐，并且不止于情感的抒发，在《北征》里，他还述说了自己对于局势的看法。他看着路边那些森冷的白骨，最终还是长叹着回头，看着飘扬在夕阳里的皇旗。“君诚中兴主，经纬固密勿”“煌煌太宗业，树立甚宏达”。

杜甫虽然有这样的报国之心，但最终还是没有报国的门路。他只能回到羌村，虽然在政治上遭遇了失败，但收获了与家人的团聚。杜甫推开院门，杨氏惊讶地看着他，她手中的白菜叶子被水安静地冲刷着，随后跌进了水池里。他的孩子们也冲过来扑在了他的身上，孩子们原本白嫩的脸都已经被污泥覆盖。村里的乡亲父老也围到了他的家门口，爬在墙头上或感慨或唏嘘地看着相拥而泣的一家人。杜甫抱着他们走进了房屋，“夜阑更秉烛，相对如梦寐”。《羌村三首》和之前的那几篇诗文一样，都是杜甫向现实主义迈进的步伐，他不再致力于让那些权贵们赞赏他的才气，他不再在诗歌里面用上生僻的典故，再用华丽的言辞写出。现在，比起这些技法上的矫揉，他更愿意在人民之中写诗，将他的所见所闻一一如实地记录。他有着惊鸿的文采，有着厚实的功底，更重要的是，有一颗贴近人民的心与一双关注人民的眼，正是因为如此，他才能成为中国有史以来最伟大的现实主义诗人，才能是少陵野老杜子美。

杜甫就这样与家人一起生活了半年，虽然贫苦，但这一段时光的注脚依然是灿烂的笑容。直到这一年的九月，新一代名将郭子仪带着 15 万大军再次向长安发起进攻，此时，安禄山已经被他的儿子安庆绪所杀，于是李唐王室试图将这一大唐的象征夺回。郭子仪终究没有辜负唐肃宗的信任，同月长安克复，郭子仪乘胜追击，不久后，洛阳光复。杜甫在听闻这个消息后，大喜过望，立刻收拾好行李，告别妻子，向长安城进发。至德二年（757）十一月，杜甫回到了长安城，依然陪伴在皇帝身边。看着长安城的复苏，他神色欢欣地和贾至、王维、岑参一起在城内游玩。除却不久前在战败的永王军队中助威的李白以及将永王击败的高适，他们就是如今整个大唐最好的诗人们了。但他们吟诵出来的诗句，都没有本应拥有的光彩。在这样一个皇权更替的关键时期，他们只能谨小慎微地生活与工作。不过这样的谨小慎微并没有限制杜甫的眼界，虽然他需要终日围绕在唐肃宗身边，时刻关注皇帝的喜好与心情，但他依然没有忘记在曲江旁暗喻自己对于朝堂黑暗的愤慨，没有忘记在曾经繁华的宫殿旁诉说自己的忠君忧国。“何时诏此金钱会，暂醉佳人锦瑟旁”，杜甫在次年四月得到肃宗同祭九庙的礼遇，五月得到皇帝赐衣。但杜甫逐渐厌倦了这样曾经梦寐以求的生活，他看着皇帝又一次被奸臣蒙蔽，官场又一次被腐败污染，仿佛一切都不过是一场重复的电影，只不过现在换了一批演员。杜甫有些感到绝望了，自己的理想在这样的环境里是无法实现的。

所以在乾元元年（758）六月，他在得知自己受房琯案的牵连即将被贬为华州司功参军时，并没有过多的悲愤，只是看着这座他生活了 10 年的城市，仿佛和老友告别。杜甫或许猜到了，这就是他在长安的最后一点时间，所以尽管华州在长安城的东北方向，杜甫还是选择了横穿整个长安城，又一次来到了金光门前。他在一年前从这里逃出长安城，满怀着报国的豪情和郑虔痛饮着告别，而如今的金光门，却再也没有人可以陪着他一起抒发苦闷了。王维和贾至在远处的酒楼里看着杜甫踽踽的背影，阴沉的天色笼罩在长安城上，流云舒张又卷起，一如 12 年前他第一次来到长安城时的模样。他花费了 12 年的时光，最终却依然没能在这座昔日恢宏的城市安下身家。杜甫在长安城外徘徊着，直到天色转黑，长安城里又亮起了他熟悉的灯火，他经常去的酒楼里也再次燃起了炉火。酒馆里的那张桌子，杜甫和

《杜甫诗意图》册第六开　清　王时敏

李白都经常光临，他曾经大声赞叹的酱牛肉从厨房里端出，杜甫甚至能回忆到它的滋味。“无才日衰老，驻马望千门”，杜甫最终还是转了身，绕着长安城走完了最后半圈，而后离开了长安城。

杜甫的政治希望被彻底断送了，但与之偕来的补偿，是他在诗歌道路上的一日千里。此后的年月里，杜甫的诗文又一次取得了长足的进步，冠绝中国现实主义诗文的道路在一年的中断后，于华州重启了步伐。这一年唐肃宗在回纥的帮助下收复了两京，而这一盟约的代价，就是唐肃宗同意任由回纥抢掠三天。在这三天里，以为战乱平息，终于可以回到曾经平静生活的两京百姓，刚刚走出禁闭许久的房门，迎来的却是贪婪的回纥骑兵和被黄沙浅草奴役的余生。回纥可汗在唐肃宗面前大嚼着牛羊肉，唐肃宗听着风中席卷而来的悲戚，咬着牙向回纥可汗表示着感谢。回纥可汗眯着眼睛应答着，酒足饭饱后站起身来，将唐肃宗的女儿搂过，催促着上了马车。唐肃宗回过头，快步离开，似乎这样就可以逃离马车中的哀号。而这样的哀号同时也弥漫在回纥士兵的长鞭之下，弥漫在大半个中国的乡村田野里，

《杜甫诗意轴》　清　董邦达

而杜甫，是无论如何也逃不走的。

离开了唐肃宗，杜甫又一次清楚地看见了如今的时代，人民的艰难生活灼刺着他的眼睛，四方蛮族的蠢蠢欲动冲击着他的心灵。回到人民中的杜甫认清了这个世道，“攀龙附凤势莫当，天下尽化为侯王”“淇上健儿归莫懒，城南思妇愁多梦”。各地由于唐肃宗的迷信又一次献上祥瑞，而事实上，连让祥瑞降临的太平地界都凑不出一处。杜甫回到了他曾经和杨氏的婚房，或许是太过于简朴了，所以没有遭到叛军或是回纥的洗劫。杜甫躺在旧日与杨氏同眠的婚床上，回忆着结婚时许下的锦绣前程，又看了看现在身上穿着的破旧布衣。他许诺要护在手心里、给予幸福生活的杨氏，此刻甚至不在他的身旁，而是在百里之外的羌村，盘算着所剩无几的粮食。曾经白嫩的纤纤手指如今已布满了冻疮，冷风灌进了这个破旧的小屋，也灌进了杨氏破旧的衣裙。杜甫无奈地用力砸了一下床板，走出房门，看着远处燎起的黑烟。乾元二年（759），唐军又一次战败，杜甫急忙离开洛阳返回安全的华州。在回程的路上，一切再次发生了改变。两个月前，这一路上人民虽然生活依旧艰难，但至少还能生活下去，丈夫妻儿也能团聚在一起。而现在，杜甫在新安县看着刚刚成年的男孩被强行带走、充军征战，母亲趴在地上扯着儿子的衣角，儿子奋力反抗着官军，哭喊着消失在母亲的视野里。另一边，已经满头花白的老人也被押着带走，他同样年老的妻子哭得撕心裂肺，已经因为战火失去儿孙而寂寥的家庭，如今甚至要失去家的意义，从此之后这个老屋里再也没有了充满爱意的言语。再往前走，刚刚结婚的年轻丈夫被迫和妻子告别，他们还没有来得及感受婚后的美满生活，就不得不天各一方，甚至就此再也无法相见。妻子崩溃地跪坐在地上，看着路边在一条缝隙里开出的连枝小花。刚刚结束征战的士兵又一次背上了熟悉的冰冷刀枪，锄刀被放在了竹篓之内。杜甫又往前到了潼关，在这个大唐名将们折戟的地方，杜甫看着在忙碌修建工事的士兵，他们的眼神中没有了昔日与天可汗一同闪耀的自信。于是杜甫写下了《新婚别》《垂老别》《无家别》《新安吏》《潼关吏》，表达着他激励人民为国尽力的愿望，但是在那些激励的背后，人民的血泪也一直刺痛着杜甫。他回忆着一路上的所见所闻，直到在石壕村，他借宿在一户穷苦人家中，看着晚上睡得正好时被官吏征人吵醒的百姓。唯一的老翁翻墙逃走，衣不蔽体的女人带着还在啼哭的婴儿躲在房门后，老妪苦苦地和官军交涉，说自己家里的三个儿子都已经被征召出战，血洒沙场。但官吏始终不肯离去，非要带走一人。老妪回头看着在房屋里颤抖的儿媳和老翁翻走的墙壁，只能无奈地抽噎着，自己跟着官军离开。杜甫在窗内沉默了，这一路上人民的哀号一声一声刮着杜甫的良心，他终于无法再忽视这些征战背后的离别与泪水了，诉说着沙场胜利之后的辛酸：

暮投石壕村，有吏夜捉人。
老翁逾墙走，老妇出门看。
吏呼一何怒！妇啼一何苦！
听妇前致词：三男邺城戍。
一男附书至，二男新战死。
存者且偷生，死者长已矣！
室中更无人，惟有乳下孙。

有孙母未去，出入无完裙。
老妪力虽衰，请从吏夜归。
急应河阳役，犹得备晨炊。
夜久语声绝，如闻泣幽咽。
天明登前途，独与老翁别。

——唐　杜甫《石壕吏》

唐肃宗手下的人民就是这样被压榨着，社稷靠人民的尸骨与悲伤堆砌着延续。杜甫用“三吏”“三别”记录下了这样的景象，沉重的笔墨和人民的泪水混合着流淌。

《杜甫诗意图》　近现代　傅抱石

杜甫回到了华州，瘫坐在桌案前，桌上累积的厚厚的公文蕴含着这个时代的黑暗。杜甫拿起了其中的一份，长久地凝视着它。在当华州司功参军的这一年，杜甫兢兢业业，每一份公文都认真批复，也不断向长安投递着在微弱烛火间一笔一画写就的安邦之策。但这一切都没有回音，统治者依旧压榨着人民，人民也依旧被压榨着艰难度日。在这个职位上，杜甫所做的一切都没有任何的意义。他不能左右天下大局的态势，也不能保证天下苍生的安宁，进无补于国，退无益于民。杜甫在这样的愤懑里放下了文件，闭上眼，长久地沉默着。桌上的烛台摇曳着燃烧，直到蜡炬已然全部化在铜盘里时，杜甫才睁开了双眼，清明得仿佛烛台摇曳在他的眼里。乾元二年（759），48 岁的杜甫在华州挂印而去，就此离开政治的约束，行走在远山旷野的社稷之间。

在离开了华州后，杜甫携带家人跟随从侄杜佐一同远离了长安，来到秦州居住。秦州在贞观年间，是陇右最为富庶的城市，作为和吐蕃流通物资的枢纽，汉语和吐蕃语杂糅着四散在这座城市的各处。肥硕的绵羊从秦州送往内地，越过陇山时，山道间全都被白色填满，如同在六月的炎热间，也有着流动的雪景。只是这些都已经随着苍梧的茂盛而远去了，在刚刚过去的一月里吐蕃到达了岷州旁边，距离秦州不过几天的路程。曾经汉语和吐蕃语爽朗的对笑声已然随着狼烟散去，烽火闪耀在漆黑的山野里，星星点点如天幕坠落。杜甫走在这样的景色中，最终还是没能逃开对天下家国的忧愁，“西征问烽火，心折此淹留”。杜甫在秦州开始了将景色与思想情感融合而作的道路，在之后的时光里，逐渐将它们糅合一体，最终成为中国现实主义诗歌的模范。而这样的淬炼，同时也避不开穷困的生活。在秦州的日子并没有杜甫想象中那么轻松，虽然此地还没有遭到战火的席卷，但是在这样的时代，无论哪里都没有可以惬意生活的世外桃源。寄居在从侄杜佐的家中终究不是长远之策，于是杜甫又硬着头皮在秦州城里找到了一间破旧的土屋。杜甫带着妻儿推开了布满灰尘的房门，土屑在空气中散出灰白的烟幕。杜甫和杨氏捂着口鼻打扫房屋，懂事的儿子也帮着提水洗布。一家人就这样忙碌着住下，杜甫看着面前褐色的餐桌，咬了咬牙，去集市上买回了几块羊

《流民图卷》 明 吴伟

肉烧饼。杜甫一家久违地聚坐在一张餐桌旁吃着晚饭，小女儿扒拉着羊肉，眼神里都是新奇。杜甫见状从儿子们的手中掰了两块给小女儿，自己和杨氏对视一眼，从包裹里拿出早已冷硬的馕。温暖的烛火融着这座城市的喜乐，欢笑声出现在了辽远的平野上，这个混乱的时代仿佛按下了暂停键，久违的平和短暂降临在了这间破旧的小屋里，仿佛开元年代的重现。

只是这样的日子也没有持续多久，秦州城的物价由于从中原前来避难的人数不断增多而随之上升，杜甫攒下的钱很快又不够用了。于是他只能写信给侄子杜佐以及朋友求告食物救急，但这样的求告自然无法长久维持。他不得不又一次走在山上，和曾经在长安城外流浪一样，低头找寻着草药，拿去售卖，但无论是因为卖药所得不足还是因为衰老而无法支撑这样的劳作，杜甫都没能靠卖药将生计维持下去。“囊空恐羞涩，留得一钱看”，杜甫疲惫地躺在水池旁，花费了一个上午所摘得的草药浅浅盖过了竹篓的底部。眼前的飞鸟拂起涟漪，抓起一条小鱼抬升而上，在枝丫间饱餐着。或许自己还不如成为一只这样的飞鸟，杜甫闭上眼睛想着。在暖暖的阳光中，他仿佛又一次看见了曾经和李白一起同行的日子：国家安定，百姓富足，自己和李白鲜衣怒马，长笑着纵横。杜甫吟道：

浮云终日行，游子久不至。
三夜频梦君，情亲见君意。
告归常局促，苦道来不易。
江湖多风波，舟楫恐失坠。
出门搔白首，若负平生志。
冠盖满京华，斯人独憔悴。
孰云网恢恢，将老身反累。
千秋万岁名，寂寞身后事。

——唐　杜甫《梦李白》

同年九月，史思明攻陷洛阳，吐蕃闻讯更是蠢蠢欲动，每日在岷州外游荡着，人心惶惶。在这样的情形下，杜甫只能离开秦州，应邀前往同州居住。但是同州的生活并没有他想象中那么美好，此时初雪也已经随着寒冷到来。杜甫甚至没有御寒的衣物，只能把衣服都塞给年幼的孩子们，自己穿着短衣，出去捡被风雪打下的野果充饥。这样的日子还不如在秦州的生活，于是杜甫在这一年的年末，又一次携家带口地迁移，翻过了木皮岭，飘过了水会渡，走过了飞仙阁，最终踏出龙门阁。“西崖特秀发，焕若灵芝繁”“迴眺积水外，始知众星乾”“往来杂坐卧，人马同疲劳”“终身历艰险，恐惧从此数”。经历了这样的艰难，杜甫来到了成都，在这个天府之国，他终于迎来了人生最后的安定。

06

晚年之哀

郁郁苦不展，催我洞庭伤

唐代的成都已经发展成了全国数一数二的繁华城市，就连唐玄宗从长安城出逃时，选择的目的地也是成都。这个城市由于四周天险的围绕而暂时远离了频繁的战火，农业、丝织业依旧井然有序地发展。在这样安定的环境里，杜甫也终于有时间去经营自己的生活了。

刚到成都时，他寄居在郊外的一个寺庙，一边住着一边漫步在成都的美景里。有了厚实衣物且不为公务所累的杜甫终于可以慢下脚步，认真欣赏着

成都杜甫草堂

这些被他遗忘许久的景色。杜甫徜徉在漫天的细雪里，绕着城墙游荡着，直到他看见了一棵参天古树，尽管是在暮冬时节，这棵树也依然没有被白雪遮住挺拔的身形。杜甫看着它在霜雪下不折的模样，阔别许久的气魄又一次充盈了他的心间。那么就是这里了，杜甫向各方友朋写信，请求物资的援助，经过一两个月的准备，杜甫终于凑够了所需。在惊蛰的雷鸣中，他和天地万物一起，搭建着这座小屋，直到枯黄的旧叶又一次变为浓绿，草地间的野花再一次绽放，这座草堂也建成了。

“万里桥西一草堂，百花潭水即沧浪。”杜甫在乾元三年（760），终于结束了漫长的漂泊。虽然天下未定，但他的身体依旧短暂地离开了这样的乱世。飞鸟轻快地掠过他的头顶，小屋旁清澈的溪流婉转流淌，鱼儿偶尔跃出水面，激起的水花透着平和的日光。杨氏悄悄地走到杜甫身后，顺着杜甫的目光一起看着他们的孩子拿着竹竿在溪水旁

《杜甫诗意图》册第七开
清　王时敏

百年地僻柴門迥
五月江深艸閣寒

坐着，等待鱼儿上钩。小儿子率先忍不住了，竹竿一抛就跳进了溪水里，扑腾着把鱼搅晕，其他几人也没法再钓鱼了，于是干脆也跳了下去，欢笑着在溪水里漂流。杜甫回头看着杨氏，笑容又一次降临在了这张许久未曾眷顾的脸上。杨氏从背后掏出一张画着棋盘的纸，和杜甫坐在草地上，一人一支笔，皱着眉头算计争斗。

一局终了，杜甫得意地昂着头回到屋内，看着书桌上平放着的诗文，刚刚平复的皱纹又一次突起，翻看了几张之后，摇着头长叹一声：“或看翡翠兰苕上，未掣鲸鱼碧海中。”这几年王维、李白先后去世，高适忙于政务，而白居易、元稹等人又还没有出生，唐朝诗歌失去了华茂的流光，整个文坛没有了高层次的创作者。那些无能的创作者由于写不出文章，又不得不写一些什么，于是开始抨击前代大家的才华。杜甫并没有过多反驳他人对自身的攻讦，对于其他诗人的名誉，他却拼尽全力保护。可惜在长久的对峙中，杜甫面对当时整个文坛统一的口径，也只能无奈地放下了笔墨，“世人皆欲杀，吾意独怜才。敏捷诗千首，飘零酒一杯。”这样快乐而又愤慨的日子持续了较长的一段时间，直到好友们得空来访，在席间不免聊到如今的局势，兵戈依旧横陈在中原的土地上，百姓依然徘徊在生死的边缘。杜甫看着草堂的窗间透出明媚的阳光，眉眼间的忧愁反射在墙上。随后漫天的乌云卷过，茅草做成的屋顶被掀翻飞远，沉重的棉被也被踏裂而开，杜甫精心搭建的小家转瞬被摧毁，但他并没有因这样的不幸而愤怒，只是为天下苍生哀叹。

《茅屋蒲团图》　明　唐寅

八月秋高风怒号，卷我屋上三重茅。

茅飞渡江洒江郊，高者挂罥长林梢，下者飘转沉塘坳。

南村群童欺我老无力，忍能对面为盗贼。

公然抱茅入竹去，唇焦口燥呼不得，归来倚杖自叹息。

俄顷风定云墨色，秋天漠漠向昏黑。

布衾多年冷似铁，娇儿恶卧踏里裂。

床头屋漏无干处，雨脚如麻未断绝。

自经丧乱少睡眠，长夜沾湿何由彻！

安得广厦千万间，大庇天下寒士俱欢颜！风雨不动安如山。

呜呼！何时眼前突兀见此屋，吾庐独破受冻死亦足！

——唐　杜甫《茅屋为秋风所破歌》

杜甫又一次连通了人民的内心世界，他只是遭遇了一瞬的不幸，之前之后都可以过着吃饱穿暖的日子，而在陇右、在河西、在中原，那里的人民每天都过着吃不饱、穿不暖的日子。杜甫感受到了这片土地上凄惨的节拍，连带着他的心跳一起轰鸣。于是他又开始在附近游走，跟随着严武或者独自一人走在人民之中。

在这样的乱世，这种安定的生活注定是无法长久的，剑南道能一直独处世外 7 年之久，已经是得天之幸了。而这样的奇迹，也随着徐知道的叛乱宣告结束。宝应元年（762）七月，徐知道起兵，“谈笑行杀戮，溅血满长衢”，在“安史之乱”中好不容易留存下来的最后一个太平之地，还是逃不过被摧毁的命运。而此时，杜甫正在绵竹，战乱又一次隔开了他和家人，杜甫看着面前逆流而来的人群，以及远远跟在他们身后的、奔袭着追杀的士兵，刀剑上全是百姓的鲜血。所以杜甫只能转去东川，不过好在，短短一个月后，高适就带兵击败了徐知道。杜甫立刻赶回成都，将妻子接来梓州居住，随后往来于梓州、阆州、绵州之间。

在往来的路上，天下大局和人民的生活近在咫尺，“十室几人在，千山空自多”。杜甫看着几个月前还人声鼎沸的四川，如今已是空旷寂寥，原本和平的地界如今却充斥着起义与镇压，循环往复似乎永无宁日。直到次年正月，史朝义自杀，“安史之乱”结束。杜甫在绝望中突然听到了这样的消息，一时间愣在了原地，在村里奔走相告的信使大声传递着这个消息，这个小村庄里的人也都瞪大了眼睛，随后爆发了热烈的欢呼。全天下的百姓在这一天都欣喜雀跃着，杜甫流着泪水紧紧拥抱着杨氏，他写道：

《三峡瞿塘图》　元　盛懋

剑外忽传收蓟北，初闻涕泪满衣裳。

却看妻子愁何在，漫卷诗书喜欲狂。

白日放歌须纵酒，青春作伴好还乡。

即从巴峡穿巫峡，便下襄阳向洛阳。

——唐　杜甫《闻官军收河南河北》

从天宝十五载（756）到今天，这样的欢呼声已经离开了这片辽远的大地整整 7 年。但这样的欢呼稍纵即逝，在叛军被击败后，大唐的百姓并没有如料想的那样过上曾经安定的日子，而是又一次在所谓倾力援助、立下汗马功劳的回纥人手下被肆意洗劫，因郭子仪被罢免而失去武力威慑的唐军只能待在军营里沉默地看着。另一边，吐蕃也不再维持表面上的和平，大举进攻。这一年十月，长安又一次沦陷，“隋氏留宫室，焚烧何太频”。杜甫听着这样的消息又一次闭上了双眼，低着头走回卧室，将门反锁后，瘫坐在地上无声痛哭。希望和失望的反复更迭，最终化为了更深的绝望。杜甫终于按捺不住了，大声地哭了出来，带起了整座小村的恸哭。眼泪最后还是流干了，他颤抖着站起身来，推开房门，在杨氏和儿女们担忧的眼神中，出门去陪着那些大人物们在席间作诗取乐，以此换来生活下去的钱物。

杜甫的尊严放到了最低点，同时还要遭到良心的谴责。在那些奢华的宴饮上，杜甫无数次想掀翻餐桌，指着这些肥头大耳的官员大骂出声。就是在

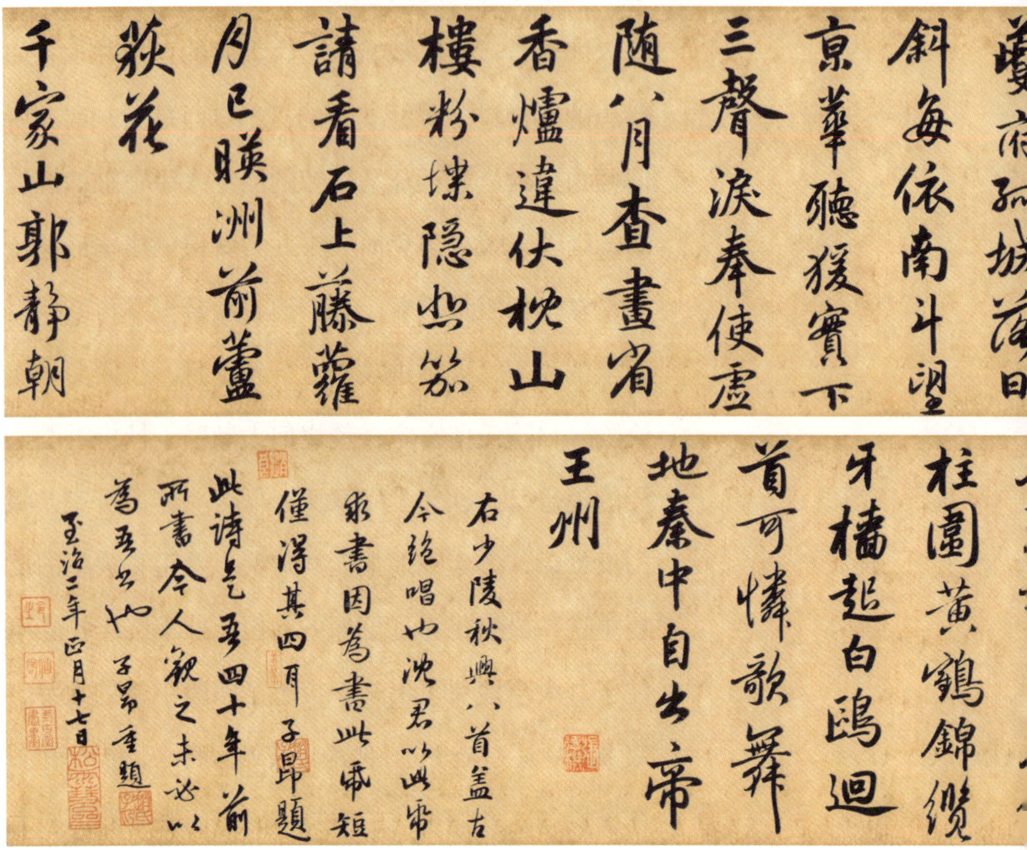

《杜甫秋兴八首》　元　赵孟頫

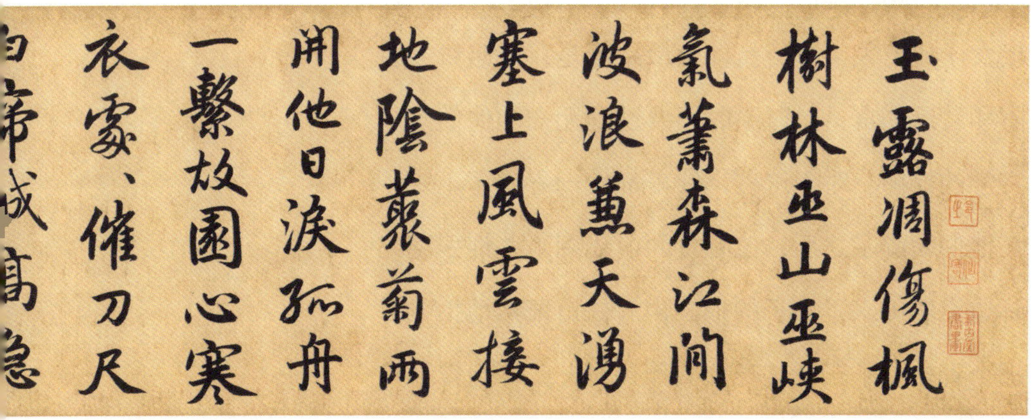
玉露凋傷楓
樹林巫山巫峡
氣蕭森江間
波浪兼天湧
塞上風雲接
地陰叢菊兩
開他日淚孤舟
一繫故園心寒
衣處、催刀尺
白帝城高急

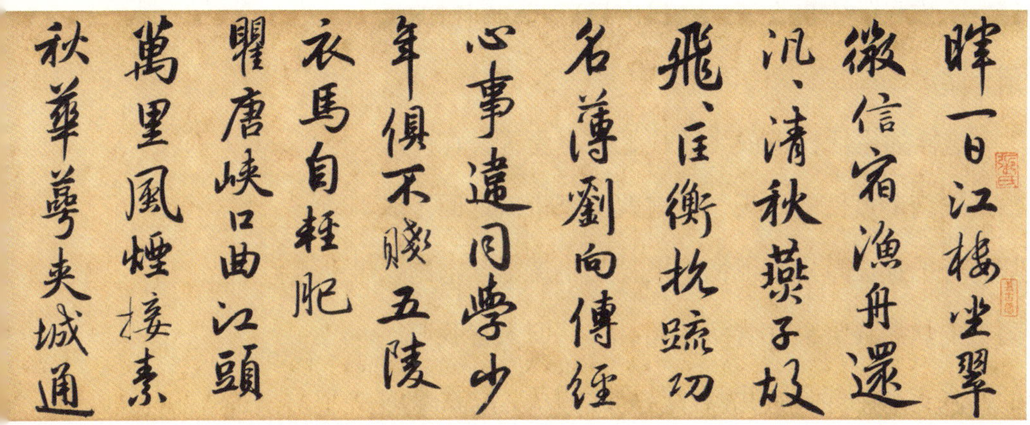
暉一日江樓坐翠
微信宿漁舟還
汎、清秋燕子故
飛、匡衡抗疏功
名薄劉向傳經
心事違同學少
年俱不賤五陵
衣馬自輕肥
瞿唐峡口曲江頭
萬里風煙接素
秋華萼夾城通

他们的治理之下，百姓缺衣少食，原本应当平安喜乐的家庭要么因为战乱搜刮而分散，要么因为饥饿寒冷而沉默，他们却还在饮酒作乐，搂着身旁的青楼女子放声大笑。但是杜甫最终还是只能赔着笑脸附和着这些官员，时不时还要遭受无知的他们对于文学的批评。对于这些，杜甫都一一忍受了下来，在他们喝醉了之后，他看着面前还剩下些许残羹，耳边突然传来了女子的抽泣声。杜甫茫然地抬头，那个青楼女子正背过身微微颤抖着，或许她曾经只是一个农村的安良女子，在日出日落间和同村的男孩一起走在麦浪滚滚的田野之中。

这样的生活杜甫最终还是无法忍受了，在严武出任剑南节度使的当天，杜甫就携家带口返回了成都郊外的那座草堂。记忆中模糊的小屋渐渐清晰，同村的炊烟还袅袅在青翠的山林。“旧犬喜我归，低徊入衣裾。邻舍喜我归，酤酒携胡芦。”百姓的真挚情感又一次充满在了杜甫的身边，他冰冷的心灵也随之再次温暖了起来。于是杜甫再次收拾好行囊，广德二年（764），53岁的杜甫在严武麾下出任幕府参谋，于七月随着大军出征，九月大破吐蕃，一扫西疆军武的颓废。“公来雪山重，公去雪山轻”，杜甫怀揣着这样的景仰，在严武的幕府里尽力工作着。

但是在幕府的生活没有那么舒适，尤其是四川的幕府。在当时的唐朝，这是为数不多可以让职员维持生活的幕府，所以在杜甫身旁，许多人都在钩心斗角着想保住这个职位。杜甫因为受严武亲邀，自然不必担忧，但也深受其扰。“晚将末契托年少，当面输心背面笑。”“丈夫垂名动万年，记忆细故非高贤。”他已经50多岁了，在多年的艰苦生活中早已积累下了繁多的病痛，而此时的文坛，也已经凋零不堪，曾经文采横溢的一个个名字，已刻在冰冷的墓碑上，永泰元年（765），高适也离开了。开元年代的盛大文风，如今只剩下了杜甫一人，他突然感到有些孤单。54岁的杜甫在多年的跋涉中，早已满头花白，他看着自己镜子中的模样，又回头看了一眼这座草堂，门外的树叶被风吹拂而落，飘在了厚重的树根之上。

这年五月，杜甫离开了这座居住了五年的草堂，踏上了回家的路途。但随着年岁流逝而衰老的身体再也无法支撑这样的远行，在夔州，杜甫终于还是坚持不下去了。重病缠身的杜甫躺在床上，透过窗户，沿着北斗，找寻着回家的方向写下了《旅夜书怀》。

细草微风岸，危樯独夜舟。
星垂平野阔，月涌大江流。
名岂文章著，官应老病休。
飘飘何所似，天地一沙鸥。

——唐　杜甫《旅夜书怀》

杜甫在此休养了两年，这期间他并没有太多气力游玩，更多的是在夜晚看着天上的繁星，那其中应当有许多他曾经的朋友，他们曾经一同畅想着大唐繁富的未来，一同诉说着自己衣马轻肥的模样。杜甫在这些年一次又一次地听着他们离开这片土地的音讯，他知道自己也即将步他们的后尘。大历二年（767），杜甫已经逐渐可以出门在城里散一会步，偶尔受邀到当地权贵的府邸中做客。这样的宴会往往没有什么乐趣，杜甫也不再需要赔着笑脸敬酒。

《杜甫诗意图》
册第十一开
清　王时敏

楚江巫峡半雲雨
清簟疎簾看弈棋

《杜甫诗意图》册第十二开 清 王时敏

周围绵软的声音逐渐在他的耳边模糊，杜甫低着头，正要睡去时，忽然一声铿锵的剑鸣刺穿了这熏暖的屏障。杜甫猛地抬头，磅礴的气势落在杜甫的身前，刚健的女子如丝绸般回转，宝剑入鞘，人群爆发出热烈的喝彩声。闭塞的宅邸恍然高耸，身旁的士人化为身穿短衣粗褐的百姓和金发碧眼的胡人，时光仿佛一瞬间倒退了50年，杜甫又牵着他父亲的手，走在那个壮阔的年代。杜甫突然觉得自己真的老了，而一个老人已经没有那么多时间再去挥霍。他在宴会上匆匆作别，回到家中，带着妻儿向城外走去。

耽搁了两年之后，杜甫再次踏上了归途，江陵、湖北、湖南，直到潭州的河水上。杜甫疲累地躺在舱内，小船悠悠在水面上漂泊，他努力睁开双眼，迷蒙地看着粼粼波光，直到潺潺的流水声混着熟悉的歌声轻触杜甫的耳膜。杜甫茫然地抬起头，面前的游船之上，李龟年正在高歌。“岐王宅里寻常见，崔九堂前几度闻。正是江南好风景，落花时节又逢君。”两个老人紧紧拥抱着，曾经的少年和中年男人，如今都已是迟暮之年。他们的相逢不过刹那，在拥抱后注视着各自离去，他们都清楚这就是人生中的最后一次相遇，但也都无力再去挽留什么了。李龟年继续在洞庭湖上唱歌，杜甫继续走在回家的路上，但最终也没有再前进多少了。

“故国悲寒望，群云惨岁阴”，杜甫靠坐在岳州的河水上，写完了自己这一生最后的一首诗歌。大历五年（770）冬，59岁的杜甫病死于船舱之中，开元年间最后的一丝流风也停遏了下来。此后，杜甫的家族中再也没有了诗人。

尾声

杜甫至死也没能回到他的故乡，在临死前，他抓着儿子宗武的手，希望他能带着自己的遗骸回到郾城。只是多年的贫穷也拖垮了宗武的身体，在杜甫死后不久，宗武也随之而去，其子杜嗣业接下了他的父亲没有完成的应允，一路上借钱乞讨。随着“安史之乱”的阴影逐渐散去，大唐逐渐恢复了曾经的繁华，新一代的诗人走上文坛，尽力恢复着被毁坏多年的风气，杜甫的名声也随着后人的惊叹而逐渐在这片他吟诵一生的土地上传开。“李杜文章在，光焰万丈长。”韩愈用这一句话，夸赞了中国诗歌史上最闪耀的两位诗人，而在众人的宣扬之下，杜嗣业的道路也好走了许多，在得到元稹题写的墓志铭后，元和八年（813），杜甫终于回到了故乡的墓地里，此时，距离他逝世已经过去了 43 个春秋。

终其一生，杜甫留下了大约 1500 首诗词，其中以“三吏”“三别”以及《望岳》《登高》《饮中八仙歌》等为代表作，内容引经据典，风格沉郁顿挫。但仅仅做到这些，还远远不足以成为中国诗歌史上唯一的诗中圣人。能做到这些自然已经很不简单，但在中国漫长的诗歌史上，达成的人倒也不少，如果不考虑“安史之乱”及其之后的那十几年，那么或许杜甫最后仅能和陆游相提并论。但是有了这十几年，杜甫就只是杜甫，能和他一同被提起的，只有另一位诗中仙客李白。所谓“文章憎命达”，或许正是大唐由盛转衰带来的曲折生活，催生了杜甫这样的伟大文人。在这十几年中，杜甫目睹了在残破山河下艰难生活的人民，他看着一个又一个家庭破碎，也因此留下了一行又一行真挚的文字。在他的诗句中，战争不再是平淡的数字，而是“莫自使眼枯，收汝泪纵横”“暮婚晨告别，无乃太匆忙”。那一段凄苦的历史随着杜甫的文字展现在了我们眼前。想要写诗歌之美的人很多，但写自身之情的人很少，杜甫的很多诗歌在意境上并不出彩，但其间蕴含的感情即使经历千年的时光也毫不褪色。“穷年忧黎元，叹息肠内热。”“麻鞋见天子，衣袖露两肘。”正是有了这样的强烈感情，才使得其他的一些技巧有了意义。文人不幸成文学大幸，杜甫用了一生去关怀这片土地，这片土地却没有给他带来些许关怀。不过或许也正是这样的残忍，才使得杜甫能够赢得身后万世名。在那个支离破碎的年代，有一个人，用尽自己所有的能力，抚慰着这片古老的山河，即使是“百年歌自苦，未见有知音”。

图书在版编目（CIP）数据

杜甫画传 / 朱虹，徐源泰著 . -- 南昌 : 江西美术出版社，2024.3

（中国历史文化名人画传系列）

ISBN 978-7-5480-9836-2

Ⅰ . ①杜… Ⅱ . ①朱… ②徐… Ⅲ . ①杜甫（712-770）一传记一画册 Ⅳ . ① K825.6-64

中国国家版本馆 CIP 数据核字 (2024) 第 038618 号

出品人　刘　芳
项目统筹　方　姝
责任编辑　姚屹雯　李安琪　舒逸熙
责任印制　谭　勋
书籍设计　韩　超　胡文欣　先鋒設計
封面插图　谭崇正

杜甫画传 DU FU HUAZHUAN
中国历史文化名人画传系列 ZHONGGUO LISHI WENHUA MINGREN HUAZHUAN XILIE
朱　虹　徐源泰 / 著

出　版：江西美术出版社
地　址：南昌市子安路 66 号
邮　编：330025
电　话：0791-86566309
网　址：www.jxfinearts.com
经　销：全国新华书店
印　刷：湖北金港彩印有限公司
版　次：2024 年 3 月第 1 版
印　次：2024 年 3 月第 1 次印刷
开　本：710 mm×1000 mm　1/16
印　张：11.25
ISBN 978-7-5480-9836-2
定　价：48.00 元

本书法律顾问：江西豫章律师事务所 晏辉律师